圖解

女孩的安全教育課

面對38個危險情境，這樣保護自己

讀客小學生閱讀研究社·安全組 / 著

圖解38個情境，強化女孩的自我防護力

可能有家長早已發現，近年來女童遭性侵的新聞頻傳。其實並不是女童性侵案件忽然增加了，而是隨著網路和媒體的迅速發展與進步，讓更多的相關案例暴露在大眾面前。

事實上，性侵女童的社會問題一直存在。很多女性在童年時代或多或少都曾被騷擾或侵犯，只是有些人小時候不懂，長大後才意識到自己過去遭遇了什麼。照理說，這麼常見的社會事件應該受到各方的重視才對，但是我們發現，目前社會對這個議題的重視程度還不夠，至少在正規教育上的投入，與家長的期望仍有很大的差距。因此有必要在家庭教育中「加碼」，讓父母給孩子補上「隱私安全」這一課刻不容緩。

此外，對於「隱私安全教育」的相關話題發展至今，已不是一個單純的兒童性知識教育的問題，其中還牽涉到更為複雜的人際關係，比如熟人作案、未成年犯罪、陌生人接觸等。防範性侵，單靠傳統的性教育及父母的保護遠遠不夠，必須讓孩子自己學會自我防衛。

以上種種，正是撰寫本書的初衷和目的。與傳統的兒童性教育書籍不同，這本《【圖解】女孩的安全教育課》直擊性安全教育中最複雜的內容──防範性侵。書中內容不只停留在「生殖教育」層面，在「身體權利」和「人際交往」的教育上也有深入著墨。

為了讓每個女孩都能學會保護自己，本書特別收集了38個社會常見的女童被侵犯情境。將每一個情境都凝聚成一個關於女童性安全的知識；每一小節都配合情境，編寫一個女孩容易閱讀、吸收和學會的訓練範例。

相信透過本書的學習和訓練，一定可以幫助每個女孩強化在性安全方面的自我防護力。

〈本書使用說明〉

本書共分成6大篇：38個真實案例的發生情境，是專為小女孩防範性侵和性騷擾而開設的隱私安全課程。建議小女孩在家長的指導下進行系統學習和訓練。

全書的內容從幫助女孩認識和了解性侵害開始，到深入了解各種社會常見的性侵和性騷擾案例，並教導女孩遇到時如何應對，一步一步地學會從根源來防護自身的安全。

〈PART1　教育認識篇：每個女孩都必須建立性隱私安全意識〉

本篇開門見山讓女孩懂得什麼是性侵害，並建立身體底線，例如：「每個女孩都有不允許別人觸碰的私密部位」「不論年齡、性別、職業，誰都有可能是壞人」等。

〈PART2　熟人案例篇：熟人性侵害，女孩必學重點防範〉

本篇主要教孩子學會防範熟人作案，熟人性侵一直是女童性侵案中最常見的類型，例如：「繼父要求一起洗澡，怎麼辦？」「有大人買了貴重的首飾給我，要我幫忙」等。

〈PART3　方法應對篇：遇到性侵害，如何將危險和傷害降到最低？〉

本篇主要教導女孩學習和掌握應對性侵害的幾種重要方法，把性侵的危險和傷害降到最低。主要內容有：「學會在公共場合大聲呼救：『有色狼！』」「向最值得信賴的人求助」等。

〈PART4　同齡社交篇：同齡男生多數性早熟，相處和交往要保持距離〉

本篇主要教女孩如何正確與同齡男性交往，防止未成年人性犯罪，例如：「男女有別，不隨便與男生勾肩搭背」「跟男生玩遊戲，盡量避免身體觸碰」等。

〈PART5　陌生人接觸篇：做好6件事，可降低被陌生人侵犯的風險〉

本篇主要讓女孩學習如何避免被陌生人侵犯和傷害，例如：「小小女孩兒，不用自來熟」「手機驚見神秘人邀約，可以去嗎？」等。

〈PART6　加強防護篇：辨識常見安全隱憂，杜絕性侵風險〉

本篇目的在於提高女孩的防護意識，從源頭杜絕性侵危險，例如：「跟男家教獨處一室要不要關門呢？」「車廂裡發生不舒服的身體摩擦，正常嗎？」等。

目録

Part 1

教育認識篇：
每個女孩都必須建立性隱私安全意識

▶ 每個女孩都有不允許別人觸碰的私密部位

▶ 他被警察抓了，我才知道自己被性騷擾了

▶ 不論年齡、性別、職業，誰都有可能是壞人

▶ 熟人也不可以做出不當的身體觸摸

▶ 大人帶我觀看色情影片，能報警抓他嗎？

▶ 體檢時醫生要我脫光衣服，有必要嗎？

▶ 教唆觀看或撫摸他人身體，都意味著性侵

每個女孩都有不允許別人觸碰的私密部位

　　有一天，萱萱大腿內側的私密部位不舒服，媽媽陪她去醫院檢查。醫生一看，發現萱萱下體私密部位有瘀傷。媽媽很驚訝，再三追問下，萱萱才把在圖書館看書時，被鄰座大叔強摸下體的事情告訴了媽媽。幸好，萱萱並沒有遭受其他傷害，媽媽沒有責罵女兒的隱瞞，而是第一時間安撫了她：「每個女孩都有不允許別人觸碰的私密部位，以後一定要記得保護自己並尋求幫助，把壞人抓起來。」

幸虧醫生檢查沒發現其他傷害。媽媽沒有責怪萱萱隱瞞，這件事情確實很難說出口，萱萱很勇敢。

可 能 發 生 哪 些 危 險 ？

① 私密部位被強行觸碰，可能會受傷出血。

② 可能會影響以後的生育能力。

③ 在精神上產生創傷，對正常生活造成陰影。

遇到危險容易犯的錯！

① 「沒意識到私密部位被觸碰的嚴重性。」

以後要記住，私密部位絕對不能被別人觸碰。

② 「因為隔著衣服，感覺好像也沒什麼，所以就沒呼救。」

隔著衣服也可能被侵犯，也會受傷。

③ 「從來沒人教我遇到這種事要怎麼辦。」

從現在開始，要多了解性隱私安全知識。

1

了解性隱私安全知識，明白哪些是不能被觸碰的身體部位

「嗯，了解明白了！」

小提醒：平常要主動了解一些性隱私安全知識。性侵女童的案件越來越多，只有知道得更多，才能更有效地保護自己。

2

建立身體底線

「身體私密部位絕對不能被觸碰，這是底線！」

小提醒：了解更多性隱私安全知識後，要建立起身體底線，胸部、屁股、下體等私密部位絕對不能被觸碰。一旦被觸碰就要提高警惕，避免被進一步侵犯，造成更大傷害。

3

一旦私密部位被觸碰，不管對方是有意還是無意，一定要告訴父母

「嗯，告訴父母！告訴父母！」

小提醒：身體私密部位被觸碰時，大多數小女孩自己並不能判斷是不是被侵犯了，這時候一定要勇敢地告訴父母。只有告訴父母，尋求父母的幫助，才可能把傷害降到最低。

學習重點和補充說明

　　本篇的學習重點是「每個女孩都有不允許別人觸碰的私密部位」。那麼，是不是任何人觸碰自己的私密部位，都可能是侵犯？

　　回答：絕大多數情況可能是的。當然也有特殊情況，比如在父母陪同下的醫生特定檢查，以及受傷後需要父母幫忙清洗等。除此之外，一定不能讓別人隨意觸碰自己的私密部位。

2 他被警察抓了，我才知道自己被性騷擾了

　　小曦學藝術體操的社團裡有一位資深教練，他所指導的每個女生都很尊敬他。但沒想到的是，最近教練因為性侵女學員被警察抓了。小曦這才意識到，原來自己身邊潛藏著這樣一個壞人。她想了想自己和教練相處的過程，突然意識到自己也可能被侵犯過，因為教練經常借指導的名義摸她屁股等私密部位。當時，小曦還以為是訓練需要，現在才知道這些行為原來都是性騷擾。

這次有進步！

小曦回憶起與教練相處的過程。

大家辛苦了，教練請客！

教練真好！

真好，還請我們喝飲料。

沒錯，確實有不對勁的地方！

摸屁股

摸背

摸胸部

這裡還要再向上提高一點。

天哪，他平時確實有一些性騷擾的舉動！

還好他已經落網了。

可 能 發 生 哪 些 危 險 ？

① 不知道什麼是不適當的觸摸，原來自己一直深受其害。

② 自己可能連身體受傷了都不知道。

③ 原來自己一直對身體觸摸缺乏敏感度，不懂得保護自己。

遇到危險容易犯的錯！

1 「以為那些都是正常的身體觸碰！」

　　除了知道哪些是不能觸碰的私密部位，還要學習什麼是不適當的身體觸摸。

2 「教練看上去不像壞人啊。」

　　很多性侵犯看上去都不像壞人，千萬要小心。

3 「我以為我還小，他不會占我便宜。」

　　有些壞人專挑小女孩下手，行為特別惡劣。

正 確 的 作 法

1

懷疑自己遭遇性侵害後，要告知父母並去醫院檢查身體

「我去檢查一下比較好！」

小提醒：如果不清楚自己是否被性侵害，一定要告知父母，並且要去醫院做身體檢查，看看有沒有身體損傷。

2

懂得辨識什麼是不適當的觸摸

「嗯，以後就明白了！」

小提醒：凡是自己不情願、不舒服的身體接觸，都算不當的觸摸。這其中包括打、拍、踢、強行擁抱、親吻，以及沒有必要的身體摩擦等。

3

警惕那些不易察覺的動手動腳

「感覺被動手動腳了！」

小提醒：日常生活中，壞人對小女孩的侵犯行為多半是動手動腳，還常偽裝成不小心摸到。這些動作不易察覺，難以辨識，在人群擁擠的場合尤其需要警惕。

學習重點和補充說明

　　本篇的學習重點是「明白什麼是不適當的觸摸」。那麼合適的觸摸有哪些呢？

　　回答：合適的觸摸絕大多數都是小女孩喜歡的觸摸，比如爸爸媽媽、爺爺奶奶等親人的擁抱和親吻、與小朋友手拉手等。如果情況難以判斷，小女孩完全可以自己選擇誰可以碰自己、誰不可以碰自己。

3 不論年齡、性別、職業，誰都有可能是壞人

最近，媽媽向萱萱灌輸了很多性隱私安全知識。萱萱卻不以爲然：「放心吧，我身邊的大人除了你們，就只有老師，都是有正當職業的人。」媽媽看著萱萱漫不經心的態度，嚴肅的告訴她性侵女童的壞人什麼人都有。萱萱疑惑地問：「那醫生呢？律師呢？」媽媽說：「侵害女童的壞人可能是各種年齡、性別和職業，防衛的關鍵是自己要提高警覺。」

可 能 發 生 哪 些 危 險 ?

①	②	③
疏於防護，被有正當職業的人侵犯了。	對身邊很多大人抱以尊敬，缺乏防備心，稍不注意可能就被侵犯了。	對同齡人沒有防備心，不小心就被侵犯了。

遇到危險容易犯的錯！

① 「我以為讓人尊敬的老人是不會亂來的。」

—— 性侵犯是不分年齡的，壞人也會變老。

② 「我以為與我同齡的那些人不會做壞事。」

—— 現在很多男孩性早熟，也需要防範。

③ 「我以為有正當職業的人不會做壞事。」

—— 性侵犯是不分職業的，甚至有些人會利用職業之便犯罪。

1 不以年齡去判斷對方是不是壞人

「他雖然是一個老人，但我並不知道他是不是好人。」

小提醒：人不可貌相，不能從年齡來判斷一個人是好、是壞。現在，未成年人犯罪逐年提升，作奸犯科的老年人也不少。

2 不以職業去判斷對方是不是壞人

「就像媽媽說的，律師當中也有壞律師呢！」

小提醒：一個人的職業身分跟他的好壞沒有直接關係。很多人甚至利用職業之便做出不可告人的壞事。

3 跟任何人，特別是男性接觸，都應該注意

「自己多注意點兒，總沒壞處。」

小提醒：總之，為了不被侵犯，小女孩跟任何人特別是男性接觸，都應該注意。如果父母不在場，更應該提高警覺。

學習重點和補充說明

　　本篇的學習重點是「不論年齡、性別、職業，任何人都可能性侵女童」。那麼，小女孩判斷是否造成性侵最主要的依據是什麼？

　　回答：還是前面說到的兩點：①身體私密部位是否遭觸摸；②是否存在不恰當的觸摸。小女孩可以根據這兩點來判斷，而不是根據他（她）是誰、對我好不好、人品怎樣？這些主觀想法來判斷。

熟人也不可以做出不當的身體觸摸

　　媽媽對萱萱進行性安全教育，萱萱聽完之後，非常肯定地回答：「我都懂了，以後我不跟陌生人接觸就好了。」聽萱萱這麼說，媽媽就知道她還沒聽明白，所以再三強調：「不僅是陌生人，熟人也不可以哦。」聽到這裡，萱萱總算是明白了一點兒：原來好多性侵小女孩的案件，有不少都是熟人所為，需要特別注意。

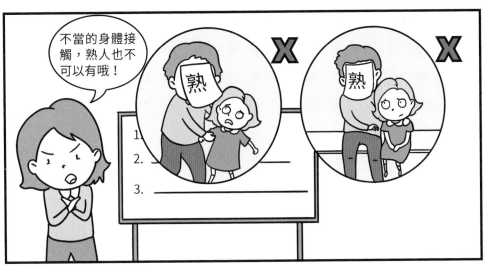

可 能 發 生 哪 些 危 險 ？

① 不知道防範熟人，可能被熟人侵犯。

② 可能熟人一直在侵犯自己，但自己一點都沒有察覺。

③ 因為是熟人，不好意思把他的事告訴別人，感覺像在說他的壞話。

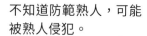

遇到危險容易犯的錯！

① 「他是媽媽的朋友，我以為他不是那種人。」
—— 父母的朋友也不能保證全是好人。

② 「他是我的親戚，不會對我做壞事吧？」
—— 對家人做壞事的親戚其實不少，也是一個需要重點防範的群體。

③ 「我跟他是好朋友，他不會傷害我的。」
—— 朋友歸朋友，異性之間仍要注意保持距離。

1

不要因為是熟人，就毫無防備之心

「**我跟他很熟，但該有的戒心還是要有的。**」

小提醒：不是要把身邊的熟人都想成壞人，而是為了更妥善的保護自己，應注意與任何男性的接觸和交往都保持距離。

2

遵循與熟人交往的基本原則

「**不能有親密的身體接觸，不能有不必要的身體觸摸。**」

小提醒：有的小女孩聽到熟人也會作案後，非常緊張，其實沒必要。跟熟人交往，遵循基本原則就好了，比如不能有親密的身體接觸，不能有不必要的身體觸摸。

3

被熟人侵犯，一定要告訴父母

「**只有父母最可靠！**」

小提醒：小女孩被熟人侵犯之後，受到的精神創傷往往更大，更容易產生膽怯、懦弱、自卑的心理。但不論如何，絕不能沉默以對，一定要告訴父母，只有父母才能幫助我們。

學習重點和補充說明

　　本篇的學習重點是「熟人也不可以做出不當的身體觸摸」。有的小女孩受到熟人侵犯後，不敢告訴父母，多是因為怕父母不相信，因為父母也認識性侵加害者。遇到這種情況，應該怎麼辦？

　　回答：應該毫不猶豫地告訴父母。性侵害不是小事，父母不會輕率的不相信你的。一定要對自己的父母有信心，勇敢地說出來，才能避免再次遭受侵犯。

大人帶我觀看色情影片，能報警抓他嗎？

　　媽媽叮囑萱萱不可以跟別人一起看色情影片，並且問她：「如果有大人帶妳看這種影片，妳應該怎麼辦？」萱萱想了想，回答：「趕緊遠離啊！」但媽媽說這只答對了一半，其實還應該把這件事告訴爸媽，讓爸媽報警把他抓起來。萱萱驚訝的問：「這麼嚴重嗎？」媽媽嚴肅的說：「是的，誘導未成年人看色情影片是違法行為，也算是性騷擾。」

可 能 發 生 哪 些 危 險 ？

(1) 被大人帶著一起觀看色情影片，身心健康遭受損害。

(2) 不明白事情的嚴重性，可能會誘發性侵害。

(3) 沒有及時報警，壞人還可能會帶其他小女孩觀看兒童不宜的電影。

遇到危險容易犯的錯！

(1) 「我不知道那是色情的影片啊！」
—— 一定是之前不夠重視性隱私安全教育，以後可要注意了。

(2) 「我以為自己不看就好了。」
—— 主動遠離，還要告訴父母。

(3) 「我不知道他的行為是違法的。」
—— 做壞事都可能會是違法行為。

正 確 的 作 法 ✔

1

先想辦法逃離

「這是一個危險的場合，我必須離開。」

小提醒：跟男性一起觀看色情影片，很容易誘發性侵害。如果處於那種場合，首先應該想辦法離開。

2

把自己的經歷告訴父母

「他竟然對我做這種事，我要告訴父母！」

小提醒：被誘導一起觀看色情影片不是小事，一定要告訴父母，讓父母幫忙應對，並決定是否報警。

3

不論如何，從此遠離這個壞人

「沒想到他是這樣的人，以後不能跟他接觸了。」

小提醒：能誘導小女孩一起看兒童不宜電影的人，一定不是什麼好人。不管他有沒有受到處罰，出於安全考量，未來都應該把他列入黑名單。

黑名單

學習重點和補充說明

　　本篇的學習重點是「帶小女孩觀看色情影片的行為，是違法犯紀的行為」。那麼，如果大人不只帶我一個人看，而是帶好幾個小女孩一起看呢？

　　回答：也是犯罪的行為，同樣可以報警，讓警察逮捕他。

今天學校例行體檢，負責體檢的男醫生讓媛媛脫掉衣服，全身赤裸。媛媛感覺有點奇怪，她想：上一次體檢好像沒有這樣要求。於是靈機一動，跟醫生說肚子不舒服，要先去廁所，說完就趕緊出去了。出去以後，媛媛問其他體檢過的同學，有沒有被要求脫衣服，有少部分同學表示有。媛媛把這個情況告訴老師，後來體檢醫生就被警察抓走了。

可 能 發 生 哪 些 危 險 ？

① 以為是檢查需要，脫光衣服讓壞人看到了自己所有的私密部位。

② 脫光衣服，還可能會被壞人亂摸。

③ 脫光衣服還可能引發更嚴重的性侵害。

遇到危險容易犯的錯！

① 「我以為是檢查需要。」

—— 有些體檢確實要脫光衣服，但學校的體檢不會做這種要求。

② 「他是醫生，他叫我幹嘛就幹嘛。」

—— 他是男醫生，所以要有防備意識，發現不對勁的地方就應該想辦法離開。

正 確 的 作 法

1

對一切需要脫光衣服的行為都要注意

「要脫光衣服？」

小提醒：如果有人教唆自己脫光衣服，特別是在封閉、隱蔽的地方時，一定要提高警覺，不能輕易服從。這有可能是欺詐或壞人準備性侵，因為一般而言，需要讓小女孩脫光衣服的場合非常少。

2

對於脫光衣服的要求，父母不在場就不要同意

「脫光衣服？不行！」

小提醒：學校游泳課也是會穿泳衣的，所以日常幾乎沒有需要脫光衣服的情況。如果發生這種事，父母又不在場，就要嚴詞拒絕。

3

一切沒必要的要求，比如教唆脫衣服，都要跟父母說

「教練命令我們把衣服都脫下來，我要告訴爸媽！」

小提醒：如果遭遇自己感覺不合理的要求，比如脫光衣服，都要跟父母說。這樣才能判斷是不是性侵害，並且保障自己往後的安全。

學習重點和補充說明

　　本篇的學習重點是「對於叫你脫光衣服的行為要提高警覺」。即便父母不在自己身邊，難以判斷脫衣服是否合理時，也要拒絕一切脫光衣服的行為嗎？

　　回答：當然！任何需要脫光衣服的行為都會先告知監護人，徵求家長同意。所以，凡是沒徵求父母同意的脫光衣服指令，都不要服從。

7 教唆觀看或撫摸他人身體，都意味著性侵

　　小曦藝術體操隊的教練被抓了，後來經過警方調查，媽媽才發現，學員除了被教練觸摸過私密部位，有的孩子還被命令觀看或撫摸教練的身體。經過這件事之後，媽媽決定給小曦再補上一課。她告訴小曦：「凡是讓妳觀看或撫摸他人身體的行為，都是性侵害，一定要拒絕，並請求爸媽報警！」

可 能 發 生 哪 些 危 險 ?

①	②	③
不知道觀看壞人裸體也是性侵害。	被壞人教唆並撫摸他的身體，其實已經構成了性侵害。	被命令觀看或撫摸他人的身體，是一件十分噁心的事，嚴重危害了小女孩的身心健康。

遇到危險容易犯的錯！

 「我不知道這就是性侵害。」

毫無疑問，這就是性侵害的一種。

 「儘管自己不喜歡，教練說了，我就得照做。」

這也是不恰當和有害的身體觸摸。

 「不照做就會被教練懲罰。」

壞人都會用各種手段讓小女孩害怕並乖乖就範。小女孩越服從、越不敢舉報，壞人就越猖狂。

正 確 的 作 法

1

拒絕不恰當和有害的身體觸摸

「命令我觸摸他的私密部位，這是不對的！」

小提醒：有的小女孩可能認為，不恰當的身體觸摸單指壞人觸摸自己，其實觸摸對方也是。總之，一切讓小女孩觀看或撫摸他人身體的行為，都算是性侵害。

2

一旦被壞人教唆撫摸他的身體，立即拒絕

「我不要！」

小提醒：應該當場拒絕，不能屈服。如果屈服了，下次還會發生同樣的事。

3

先逃離，然後告訴父母

「這樣的教練，以後肯定不能和他再有往來了！」

小提醒：如果因為不服從而被教練懲罰，不用怕，告訴父母或讓父母報警。這樣的壞教練，以後肯定不會和他再有任何往來了，所以不用擔心被處罰。

學習重點和補充說明

本篇的學習重點是「被教唆觀看或撫摸他人的身體，都意味著性侵」。那如果對方只是脫掉上衣，叫我給他揉揉肩膀之類的，也算性侵害嗎？

回答：這種行為也可能構成性侵害。除非是父女之間撒嬌等親密行為，否則，其他的按摩行為好像都不太符合常理。所以一旦發生這樣的事情，事後也要告訴父母。

和專家聊聊天

可能有同學會問：「界限到底是什麼？」界限，是一個很抽象的名詞，意思是不同事物的分界。如同相鄰國家的國境線，每個人之間同樣有自己的界限，界限區分了我們與別人的不同。

我們需要從小確定自己的身體界限和心理界限，學習做一個獨立的人。一個人從出生開始就會形成一個「我」的概念，比如我的身體、皮膚、想法、願望等。隨著年齡的增長，圍繞著「我」就會形成一個「我的」的概念，比如我的衣服、我的褲子、我的帽子等。「我」就像國家的國王，一個國家要有主權和領土的完整，「我的」界限就是這個國家的國境線。

有的男同學小時候會被媽媽帶去女裸湯溫泉，這不僅是媽媽對自己身體越界，也是小男生對其他泡湯女性的身體越界和心理越界。孩子6歲時，是建立身體界限、心理界限的重要時期，建立界限的時間越晚，我們對身體界限和心理界限的敏感度就越弱。

因此，當別人越界時，就必須先徵得你／對方的同意。如果沒有，那麼對於別人身體越界、心理越界的行為，就必須學會拒絕，保持距離，勇敢說「不」！

PART 2

熟人案例篇：
熟人性侵害，女孩必學重點防範

- ▶ 大多數的老師是好人，但也有個別的壞人

- ▶ 繼父要求一起洗澡，怎麼辦？

- ▶ 班上的男生給我不明飲品，我能喝嗎？

- ▶ 有大人買了貴重的首飾給我，讓我幫忙

- ▶ 叔叔說我是他未來的老婆，我該怎麼辦？

- ▶ 舅舅說冬天太冷了，想跟我同床擠一擠

- ▶ 他掌握我考試作弊的證據，然後侵犯了我

- ▶ 我被書店老闆侵犯了，他說這是我的錯

萱萱一直對媽媽所說的「任何職業的人都有可能性侵小女孩」耿耿於懷，因為萱萱很尊敬老師。有一天，她終於忍不住問媽媽：「那老師也會性侵小女孩嗎？」媽媽說：「老師也有可能呀。」媽媽還舉了一個借指導作業之名，摸學生屁股和後背的老師被警察抓到的例子。最後，媽媽語重心長地說：「性侵害跟職業沒有關係。任何職業都有好人和壞人，但壞人只是很小一部分。」這讓萱萱終於弄明白了關於老師的疑惑。

可 能 發 生 哪 些 危 險 ？

①	②	③	④
壞老師假借工作需要之名，侵犯了女學生。	如果學校老師是壞人，那麼侵犯事件就容易頻繁發生。	壞老師偽裝性高，不容易被察覺。	女學生大多忌諱「老師身分」，不敢揭發罪行。

遇到危險容易犯的錯！

① 「因為他是老師，所以我不敢說。」

    —— 不要替壞老師保守秘密。

② 「他說這是正常的，我相信了，老師應該是對的。」

    —— 壞老師的話不能信。

③ 「老師要我做什麼，我都服從。」

    —— 大多數時候，聽老師的話沒錯，但壞老師的話一定不能聽。

1

大多數的老師是好人，但也有個別的壞人

「有壞人混進教師群體很正常。」

小提醒：就像相信世間好人有很多一樣，大多數的老師是好人，但也有個別的壞人。

2

如果發現老師有性侵害行為，要勇敢的說出來

「雖然他是我的老師，但他做了壞事，就要受懲罰。」

小提醒：尊敬老師是傳統美德，但如果老師有性侵害行為，一定不能忍受和縱容。自己應該勇敢的說出來，這跟是否尊師重道沒有關係，對壞老師無需尊敬！

3

懷疑老師性騷擾自己，一定要先告訴父母

「感覺老師好像侵犯了我，我先跟爸媽說。」

小提醒：有些老師性侵害的行為可不只是一兩次，而是長達數年，很多家長卻被蒙在鼓裡。一旦懷疑老師性騷擾自己，一定要先告訴父母，不管是不是誤會，都讓成年人來判斷。

學習重點和補充說明

　　本篇的學習重點是「大多數的老師是好人，但也有個別的壞人」。因為老師是兒童學習生活中不容忽視的族群，所以有必要舉例說明。

　　回答：近年來，很多老師性侵害的案件被媒體曝光，所以收錄本篇來凸顯這個問題的嚴重性。不可否認，老師是學生不能回避的特殊群體，但同學們要相信，大多數的老師是好人，只有極少數老師是壞人。

繼父要求一起洗澡，怎麼辦？

　　爸爸媽媽離婚了，媽媽再婚後，媛媛有了一個繼父。在家裡，繼父經常上廁所不關門，還趁媽媽不在時，以爸爸的名義要求幫她洗澡，跟她一起睡覺。媛媛覺得怪怪的，有時會找一些藉口拒絕，但有時只能屈服了。她不知道該怎麼辦，想告訴媽媽，又怕媽媽傷心；想逃離，又不知道能去哪兒；想找人說，又不知道該告訴誰。最後，媛媛選擇告訴對她特別好的女老師。

可 能 發 生 哪 些 危 險 ？

①

繼父的種種言語行為有意無意間，已經造成了性騷擾。

②

繼續發展下去，很可能會發生更惡劣的性侵害事件。

③

因為兩人的特殊關係，容易演變成性虐待。

遇到危險容易犯的錯！

① 「他是我繼父，我應該聽他的。」

繼父確實是長輩，但在性隱私方面，可以不用聽他的。

② 「他以爸爸的名義命令我。」

如果是做一些害羞的事，比如親密的身體接觸，應該拒絕。

③ 「對繼父需要有性隱私安全意識嗎？」

當然需要！

1

小女孩與繼父相處，應該要有性隱私安全意識

「是的，跟親生爸爸都要有，何況是繼父！」

小提醒：跟繼父相處其實跟親爸相處差不多，最基本的是都應該保有性隱私安全意識。如果繼父本身沒注意這方面的問題，應該提醒他。

2

對繼父的親密行為，不喜歡就一定要拒絕

「我不喜歡他親我抱我！」

小提醒：一定要堅決拒絕一切自己不喜歡的親密接觸，包括來自繼父的接觸。我們有權拒絕讓自己不舒服的身體接觸，不要因為他也是爸爸，就覺得必須服從。

3

繼父若有性侵行為，要立刻告訴媽媽、親生父親或老師

「告訴媽媽，他欺負我。」

小提醒：如果繼父有性侵害行為，一定要立刻告訴媽媽，讓媽媽來處理。但有時候，告訴媽媽可能沒用，那就趕緊告訴親生爸爸，讓他幫助自己。同時，老師也是一個傾訴對象。繼父性侵自己，是需要追究法律責任的，不用害怕。

學習重點和補充說明

本篇的學習重點是「與繼父相處也要警惕性隱私安全」。這個問題相對複雜，因為涉及家庭關係。那如果被繼父侵犯，告訴媽媽有用嗎？

回答：絕大多數的情況下，媽媽是容忍不了新丈夫性侵自己親生女兒的，但個別情況例外。所以一般而言，小女孩要對自己的媽媽有信心，要信任自己的親生父母。

班上的男生給我不明飲料，我能喝嗎？

　　班上的男生邀請可涵去他家裡玩。聚會時，男生請大家喝飲料，但給了可涵一杯不一樣的，說是為她精心準備的。但是可涵喝完之後，沒一會兒就口吐白沫，全身抽搐。同學趕緊叫救護車把她送到醫院。後來在家長的盤問下，男生坦白說是自己的惡作劇，他說他是在網路上看到了一個能使女生昏迷的藥水配方，就想試看看女生喝了會怎樣。他以為可涵只會睡上一覺，沒想到竟然食物中毒了。

可 能 發 生 哪 些 危 險 ？

① 如果不是同學的惡作劇，而是有人暗藏壞心，女孩喝了後就很危險了。

② 喝了不明飲料，還有可能被拐賣。

③ 即使是熟悉的人給的不明飲料，喝了昏迷後也有可能被侵犯。

遇到危險容易犯的錯！

① 「都是熟人，他們不會害我。」

　 除非親生父母，否則不管是誰給的不明飲料，都不能喝。

② 「對不明飲料很好奇，想喝看看。」

　 絕對不能喝！

③ 「喝一點兒，沒事的。」

　 問題飲料，有時藥性特別強，一點點就能讓人昏迷不醒。

④ 「不喝好像很不給面子。」

　 如果對方認為不喝就是不給面子，那是他的觀念不正確。

1

拒絕一切不明飲品

「連是什麼都不知道，還敢喝？」

小提醒：不亂喝不明飲料，跟不亂吃東西是一樣的道理。都不知道是什麼東西，可以隨便吃嗎？不明飲料喝了之後可能過敏，甚至中毒。總之，不要拿自己的身體開玩笑。

2

在特殊的場合，對飲料要特別注意

「這種場合，不要隨便喝飲料。」

小提醒：在酒吧、夜店、網咖等社會人士聚集，尤其是男性居多的場所，對於飲料要特別留意，不要什麼人給的飲料都喝。而且，按照政府規定，這些地方未成年人都禁止進入，小女孩更不應該涉足。

學習重點和補充說明

本篇的學習重點是「不要亂喝不明飲料」。如果是親戚、朋友請自己喝的呢？

回答：如果是親戚或朋友給的，也要弄明白是什麼飲料。總之，對於不明飲料一定要多加小心，防止過敏和中毒。

11 有大人買了貴重的首飾給我，要我幫忙

萱萱透過表姊認識了幾個成年人，他們對萱萱特別照顧，把她當公主看待，還買很貴的洋裝和首飾給她。有一次，某Ａ先生要跟客戶吃飯，請萱萱作陪。客戶對萱萱摸來摸去，讓萱萱很反感，某Ａ先生卻說這沒什麼，是因為客戶喜歡她。但緊接著，很過分的事情發生了：萱萱被灌了酒，被客戶帶到飯店準備侵犯。好在有人及時報警，萱萱才得救。

看起來有點可怕。

萱萱，這是王哥和李哥，他們人很好。

小妹妹以後就跟哥哥們一起玩，我們不會虧待妳的。

喜歡就買了！

$5000

哇！

天哪！還送我這麼貴的首飾。

$30000

萱萱，有個重要客人請吃飯，妳陪我一起去吧。

好哇。

哎呀，小姑娘妳真漂亮，快來讓叔叔親親。

不要啊！

沒什麼呀，大老闆那是覺得妳可愛，很喜歡妳。

真的嗎？

這小女孩喝多了，快下手吧！

開門，警察！

小妹妹，以後交友要謹慎啊！

警察姊姊

可 能 發 生 哪 些 危 險 ?

①
被送禮物等殷勤行為迷惑，讓自己一步步陷入危險。

②
壞人的各種動手動腳已經是性騷擾了。

③
如果不是警察及時出現，更嚴重的性侵害就發生了。

遇到危險容易犯的錯！

①「以為他們給我買東西，就是對我好。」

　　壞人會使出各種招數騙小女孩，簡單來說，就是威脅利誘。

②「他們總是對我很好，我不知道自己被騙了。」

　　壞人總是假裝自己是好人，知道以後就不要再被騙了。

③「一開始，我並不知道他們是有目的的。」

　　不接受別人無緣無故的財物和誇獎利誘，世界上沒有那麼多無緣無故的好事。

正 確 的 作 法

1	

當別人無緣無故的送昂貴禮物給自己時,要提高警覺

「很奇怪,為什麼送我這麼昂貴的禮物?」

小提醒:接收到昂貴的禮物時,第一時間應該告訴父母,讓父母幫你判斷,才能防止自己遇上危險。

2	

及早分辨性侵害,及早逃離

「感覺這幫人好像不太對勁,趁早斷了吧。」

小提醒:遇到被教唆陪客、被摸大腿等不恰當行為時,就應該警醒了,再繼續發展下去,可能就會遭到性侵,多麼可怕呀。

3	

跟父母多溝通,說說自己最近交了什麼朋友

「我應該跟父母多溝通!」

小提醒:只有跟父母多溝通,才能避免走歪路,避免各種被侵犯的風險。如果萱萱把跟成年人交往和被送禮的事告訴父母,後面的一連串事情可能就不會發生了。

學習重點和補充說明

　　本篇的學習重點是「別人無緣無故送昂貴物品給自己時,要提高警覺」。如果遇到這樣的事情,最正確的應對方法是什麼?

　　回答:絕對不能接受!如果對方堅持要你收下,應該立刻告訴父母,讓父母幫忙退還,並弄清楚怎麼回事。即使對方沒惡意,太貴重的禮物也應該退還,並謝謝對方的好意。

叔叔說我是他未來的老婆，我該怎麼辦？

爸爸公司裡有一個叔叔經常送禮物給可涵，所以可涵漸漸和他熟悉起來。一開始，叔叔總是說喜歡可涵，以後一定要娶可涵。慢慢的，叔叔還會抱她親她；再後來，還會主動去學校找可涵，買很多東西給她。可涵每次拒絕，叔叔就會說：「妳是我未來的老婆，我來看妳是應該的。」可涵覺得叔叔越來越可怕，她想擺脫他，卻不知道該怎麼辦。

可 能 發 生 哪 些 危 險 ？

① 跟叔叔走得越來越近，
漸漸落入叔叔的圈套。

② 再發展下去，可能會被
叔叔侵犯了。

③ 叔叔接下去可能會想控
制自己。

遇到危險容易犯的錯！

①「不知道他有目的，以為是開玩笑。」

即使自己是小女孩，也不能被亂開玩笑。

②「以為他只是說說，沒什麼關係。」

感覺怪怪的就應該警覺了，不能繼續跟他接觸。

③「他是爸爸的同事，不知道怎麼跟爸爸說。」

放心吧，爸爸一定不會容忍這種事情，爸爸一定會幫我們的。

正 確 的 作 法

| 1 |  | **別相信「妳是我未來老婆」這種鬼話**
「他說我是他未來的老婆！胡說八道！」
小提醒：如果有人說出這種話，千萬別相信。如果是大人說這句話，更應該警惕，因為他很可能有非分之想。 |

| 2 |  | **任何大人跟自己表達愛意，都應該告訴父母**
「有大人說他愛我，怎麼辦？」
小提醒：任何大人跟自己表達愛意，都應該告訴父母。很多時候，小女孩自己判斷不了對方是善意還是惡意，如果是不正常的愛情，小女孩也沒能力應對，所以應該告訴父母，引起父母的重視和警覺。 |

| 3 | 110 | **如果某個人總是騷擾自己，建議報警**
「他總是騷擾我，怎麼辦？」
小提醒：如果自己正在被騷擾，千萬不要沉默，因為自己很可能已經處於危險中，應該第一時間告訴父母並且報警。 |

學習重點和補充說明

本篇的學習重點是「別相信『妳是我未來老婆』這種鬼話」。有些小女孩可能好奇，不知道自己長大後會不會真的嫁給叔叔這樣的人。

回答：對於小女孩來說，那還是很久以後的事。雖然愛情和婚姻是自由的，自己有選擇的權利，但不建議跟叔叔這樣亂開玩笑或做出不正當行為的人交往，因為他們的品德可能並不好。

舅舅說冬天太冷了，想跟我同床擠一擠

　　小曦去舅舅家玩。到了晚上，舅舅建議和小曦一起睡覺，說是天氣太冷，擠擠睡更暖和，還說小時候就陪過小曦睡覺。最後，小曦只好答應了。半夜，舅舅竟然將整個身子趴在小曦身上。小曦以為是舅舅睡相差，就輕輕推開他。可是不一會兒，舅舅又趴了上來，小曦只好強忍到天亮。結果第二天，舅舅竟然假裝不知情。小曦頭一次遇到這種事，一時間不知道該怎麼辦才好。

可 能 發 生 哪 些 危 險 ？

①

在同一張床上睡覺，可能會有親密接觸，容易被侵犯。

②

如果繼續睡在同一張床上，可能又會發生同樣的事情。

③

被侵犯之後，壞人還可能以睡相差、夢遊等藉口為自己開脫。

遇到危險容易犯的錯！

① 「小時候舅舅就陪我睡過覺，沒什麼大不了。」

現在長大了，不能隨便和異性同床啦。

② 「他是我舅舅，應該不是故意的吧？」

也可能是故意的。總之，不要同床共枕，不要給對方機會。

③ 「我都不知道該跟誰說這件事，感覺跟誰說都不合適。」

確實很為難，但告訴父母準沒錯！

正 確 的 作 法 ✓

1

小女孩一定要拒絕跟異性一起睡覺

「我長大了，不能隨便跟別人睡覺了。」

小提醒：長大了，一定要有性隱私安全意識。對於和異性同床共枕一定要謹慎，即使是親人、朋友，也不能輕易同睡一張床。

2

可以找到更好的理由拒絕

「我習慣一個人睡，跟別人睡會睡不好。」

小提醒：其實對於舅舅的建議，可以找個適當的理由拒絕，不要不好意思。拒絕的態度不用很激烈，但理由一定要讓對方無話可說，不再糾纏。

3

舅舅要求一起睡，應該拖延時間，告訴父母

「他很堅持，強烈要求我，讓我很害怕。」

小提醒：面對強烈要求的情況，更應該警惕，不能輕易屈服。先拖延時間，然後找機會告訴父母，問問他們該怎麼辦，不能因為是親戚就縱容他的行為。

學習重點和補充說明

　　本篇的學習重點是「不要隨便和異性同床，親戚也不行」。那如果是三個人一起睡呢？比如表姊也一起睡。

　　回答：也不可以！睡得迷迷糊糊時，小女孩很難確保自己的安全。即使有別的人一起在床上，也不能認為跟異性親密觸碰的機率低。總之，為了避免遭到侵犯，還是不要擠在一張床上睡覺。

14 他掌握我考試作弊的證據，然後侵犯了我

　　萱萱考試的時候偷瞄了旁邊同學的答案，這一幕被監考老師看到了，但他只是笑眯眯的對萱萱點了點頭，沒有當場抓她。過了幾天，萱萱送作業去老師辦公室，恰好辦公室裡只有監考老師一人。沒想到，監考老師竟然強吻萱萱，還警告她：「敢跟別人說，我就把妳考試作弊的事情說出去。」萱萱很害怕，只能屈服，事後也不敢把自己被侵犯的事情告訴別人。

可 能 發 生 哪 些 危 險 ？

① 認為被抓住把柄，自己只能任由壞人擺布。

② 害怕壞人的威脅，所以任由壞人侵犯自己。

③ 壞人侵犯成功一次，一定還會有第二次、第三次，甚至無數次。

遇到危險容易犯的錯！

① 「我怕他把考試作弊的事情說出來。」
偷瞄同桌的考卷雖然不好，但被性侵才更嚴重。

② 「沒辦法，誰叫自己有把柄在他手裡呢。」
這不算把柄，考試作弊是可以改正的，而壞人卻利用小女孩的懦弱心理欺負人。

③ 「我以為我屈服一次，他就會放過我。」
壞人能這樣欺負一個小女孩，就表示他不會輕易放棄這樣的機會，不斷屈服就是不斷縱容他。

④ 「他是教務主任，有人會相信我嗎？」
告訴最值得信賴的父母，讓他們幫助自己。

正 確 的 作 法

1

認真想一想：作弊跟被性侵比，哪個更嚴重？

「要說就去說吧，別想侵犯我！」

小提醒：小女孩容易有一種害怕心理，比如考試作弊被識破很丟人。確實，考試作弊是不對的，但比起被性侵，作弊的錯根本不值一提，它不應該成為把柄。

2

記住：越屈服，壞人就會越猖狂

「他是壞人，不用害怕，要揭發他！」

小提醒：壞人善於利用各種事情要挾別人，小女孩更容易被威脅。因為小女孩對是非對錯的分辨力較弱，精神就更容易被控制了。

3

表現出對把柄無所謂的態度

「揭發我考試作弊？我才不怕呢！」

小提醒：越在乎自己的把柄，壞人就越得意，會更肆無忌憚的侵犯。所以，不管是什麼把柄落在壞人手裡，也要表現出無所謂的態度，讓壞人無法得逞。

學習重點和補充說明

　　本篇的學習重點是「被壞人抓住把柄，壞人想借此侵犯自己怎麼辦？」那，如果自己的把柄是偷竊這種嚴重的事情呢？

　　回答：很多小女孩之所以不敢揭發壞人，是因為一旦揭發，自己的「把柄」就被別人知道了。其實每個人都會犯錯，作弊也好，偷竊也罷，以後改正就好了。相比之下，保護自己的性隱私安全更重要，而且壞人更害怕自己要挾人的事被知道，那才是違法犯罪的大事啊。

15 我被書店老闆侵犯了，他說都是我的錯

第一次去書店買書時，小曦被書店老闆強行抱了很久。沒想到她之後再去，每次老闆都趁旁人不注意時侵犯她。老闆告訴小曦：「妳長得太可愛了，很惹人關愛，都是妳的錯。如果我沒有侵犯妳，別人也會侵犯妳的。」小曦竟然接受了這樣的說詞，也認為會被侵犯是自己的問題，不能怪加害者。

可 能 發 生 哪 些 危 險 ？

(1)
小女孩辨別是非對錯的能力弱，不斷被灌輸錯誤的想法，精神容易被控制。

(2)
認為這一切都是自己的錯，精神壓力很大。

(3)
繼續無條件接受壞人的侵犯，容易讓壞人得寸進尺。

遇到危險容易犯的錯！

(1) 「他說的聽起來很有道理，這好像都怪我自己。」
　　壞人總是會利用小女孩不成熟的辨識能力進行「洗腦」，混淆視聽。

(2) 「如果沒有被他侵犯，也會被別人侵犯！」
　　當精神被控制，自己就會完全相信壞人的「洗腦」式教育。

(3) 「我討厭我自己。」
　　自卑、看輕自己都會為壞人的侵犯提供機會，這也是壞人最喜歡看到的樣子。

正確的作法 ✓

1

記住：任何人都不能以任何理由性侵自己

「我長得可愛沒有錯！」

小提醒：世界上長得可愛的小女孩很多，那是不是都要遭受侵犯呢？顯然不是！壞人的說法是不對的，不要被騙了。身體是自己的，任何人都不能以任何的理由性侵自己。

2

一旦感覺被侵犯，就跟父母說，報警把壞人抓起來

「我被侵犯了，侵犯我的人都是壞人！」

小提醒：一旦意識到自己被侵犯了，不管對方是誰，都要將事情毫無保留地告訴父母，讓父母幫忙判斷。必要時，還應該報警把壞人抓起來。

3

被侵犯是壞人的錯，不是自己的錯

「壞人是他，我是受害者！」

小提醒：無論自己長得多麼可愛，都不會是被侵犯的理由。被侵犯是壞人的錯，不是你的錯，你只是個受害者。

學習重點和補充說明

本篇的學習重點是「無論自己長得多可愛，都不會是被侵犯的理由」。但有人說，女孩會被侵犯是因為穿著暴露、性感，這對嗎？

回答：不對。任何人都不能以任何理由性侵別人。穿什麼衣服是女孩自己的權利和喜好，只要不影響別人，就不該干涉她的審美觀。話說回來，在公共場合穿著不過於暴露，的確是比較符合禮儀規範。

和專家聊聊天

現今社會經常向孩子傳遞「陌生人危險」的訊息，然而事實又是如何呢？調查顯示，熟人作案的比例實際遠遠高於陌生人，在針對受害者是18歲以下的性侵案件中，70～90％是熟人作案。這些人通常是孩子最熟悉、最尊重、最親近和最依賴的人，比如親人、鄰居、老師或父母的朋友等。他們恰恰是利用熟人身分接近孩子並取得信任，再加上自身力量及身分、地位等優勢，使得性侵案件更易發生。

據相關統計顯示，在熟人作案的案件中，按照從高到低的比例，犯罪對象的身分排序依次為：教師、教職員（含培訓老師）、親戚朋友、鄰居（含同村人）、家庭成員（父親、繼父等）、網友，以及其他生活接觸人員。

目前，全世界都非常關注兒童福利問題，還成立了各種兒童福利組織機構，專門維護兒童的權利以及關注兒童的生活問題。但除了外界的關心，家長也要幫助孩子培養對熟人的防範意識。即使是熟悉的人，包括老師、周邊朋友、親戚等，也絕不允許察看和觸碰自己身體的私密部位。遇到有人意圖觸碰私密部位時，教孩子一定要勇敢說「不」，同時要告訴爸爸和媽媽。只有時刻保持警惕，孩子才能建立起自我保護的安全防護罩。

Part3

方法應對篇：
遇到性侵害，如何將危險和傷害降到最低？

- ▶ 叔叔喜歡抱我親我，我能說「不」嗎？

- ▶ 學會在公共場合大聲呼救：「有色狼！」

- ▶ 叔叔要我看不雅的影片，我應該盡快離開？

- ▶ 在壞人面前，不用當個誠實的孩子

- ▶ 向最值得信賴的人求助

- ▶ 勇敢跟醫生和警察說實話

- ▶ 讓父母的愛與陪伴安撫和激勵自己

16 叔叔喜歡抱我親我，我能說「不」嗎？

　　媽媽有一位男同事，每次見到可涵總要熱情的抱她，有時還乘機摸可涵的屁股，甚至會親她的臉。可涵很反感他這種行為，總感覺他色咪咪的不懷好意。可是，可涵又不知道該怎麼辦：直接拒絕他？勇敢地跟他說「不」？他可是媽媽的同事，如果那麼不給面子，會不會被大人怪罪說不禮貌呢？

可 能 發 生 哪 些 危 險 ？

①

本來說「不」可以制止侵犯的，因為沒有說，讓侵犯者得逞。

②

不知道該說什麼，讓侵犯者得寸進尺。

③

不敢說「不」，以後還會繼續被侵犯。

遇到危險容易犯的錯！

1 「不知道為什麼，就是不敢說『不』。」

— 不要害怕，鼓起勇氣，大聲地說出來！

2 「說了『不』，可能也沒有用。」

— 不管有沒有用，先表明自己的態度再說。

3 「不知道是不是誤會。」

— 不管是不是誤會，先拒絕再說，就算是誤會也沒關係。

4 「感覺說『不』好像很不禮貌！」

— 這跟禮貌沒關係，把自己的不喜歡說出來，父母會理解的。

1

學會勇敢地說「不」

「不要這樣，我不喜歡啦！」

小提醒：一定要勇敢說「不」，並培養拒絕的習慣。不要害怕拒絕了會怎樣，那不是自己能控制的。自己只要明確拒絕，表明自己不喜歡就行了。

2

拒絕時不要吞吞吐吐，態度一定要強硬

「嗯，拒絕一定要強硬！」

小提醒：拒絕的時候可以把自己的不滿和憤怒表現出來，身體也可以一起行動，比如逃離、退後。把自己的厭惡感表現出來，讓對方知道他侵犯了自己，不可以再繼續了。

3

不要怕誤會

「不喜歡就要說，管他是不是誤會。」

小提醒：不要害怕誤會，誤會總比被侵犯了好。如果父母說自己不禮貌，事後再解釋就好，相信父母一定會站在我們這邊的！

學習重點和補充說明

　　本篇的學習重點是「對不喜歡的身體接觸，一定要勇敢地說『不』」。那，如果是西方那種親密的見面禮，也要拒絕嗎？

　　回答：看情況，但我們的文化並沒有那種親密的見面禮儀。小女孩要有警覺心，對一切不舒服的、毫無必要的身體接觸，包括擁抱、摸臉和親吻等，都要說「不」。

萱萱獨自坐公共汽車時，鄰座是一位拿公事包的男性。萱萱坐在車上昏昏欲睡，但沒多久，就感覺到有東西在撩她的裙子，一看是旁邊男性的公事包，就沒在意了。又過了一會兒，萱萱竟感覺到有人把手伸進她的裙子裡摸她的大腿。她很害怕，知道是鄰座的男性在侵犯自己，她擔心大聲求救也沒人會理，只好強忍著假裝不知情，直到公車到站，那位男性下車為止。

可 能 發 生 哪 些 危 險 ？

① 若沒大聲呼救，就沒人知道自己被侵犯。

② 若沒有呼救，性侵犯只會變本加厲。

③ 不敢呼救，壞人會認為妳好欺負，以後可能會被他繼續跟蹤、侵犯。

遇到危險容易犯的錯！

① 「身邊沒有認識的人，呼救也沒人幫助！」

—— 別把他人想得太冷漠。大聲呼救後，一定會有人挺身幫你。

② 「怕報復，所以不敢呼救！」

—— 不要怕，先制止眼前的侵犯行為再說，法律會保護我們。

③ 「被侵犯是一件很丟臉的事，我害怕！」

—— 作為受害者，被侵犯不丟人。該覺得丟臉的，是罪犯。

1

有色狼！

<u>學會呼叫：「救命，有色狼！」</u>

「救命啊，有色狼！」

小提醒：在公共場合被侵犯時，不用叫得太複雜，大喊「救命，有色狼！」就可以了。大聲清楚的講出來，讓大家知道自己正遭受侵害。

2

<u>向最有可能幫助自己的人呼救</u>

「司機最有可能幫助我！」

小提醒：根據現場狀況，可以找最有可能幫助自己的人呼救。比如公車上可能是司機，路上可能是警察等。

3

<u>記住：壞人做壞事最怕人知道，要勇敢求救！</u>

「記住了，在公共場合一定要勇敢呼救！」

小提醒：壞人最怕別人知道他做壞事，所以要勇敢地大聲呼救，才能讓別人幫助自己，迅速擺脫性侵犯。

學習重點和補充說明

　　本篇的學習重點是「學會在公共場合大聲呼救」。那，在其他場合呢？是不是所有的場合都要大聲呼救？

　　回答：在會有人聽到自己呼救聲的公共場合，要大聲呼救。但在密室、車廂等封閉性較高的地方，呼救是沒用的，可能還會激怒壞人。所以要根據場所進行判斷，選擇合適的自救措施。

18 叔叔要我看不雅的影片，我應該盡快離開？

媛媛很喜歡去鄰居家跟小狗玩。今天媛媛又去串門子，她跟小狗玩了一會兒後，鄰居叔叔提議一起看電影。媛媛很高興，但她沒想到，電影裡有很多男女不穿衣服的畫面。媛媛很疑惑，叔叔卻說：「這是藝術片，要尊重藝術。」媛媛意識到不對勁，就以「爸爸沒帶鑰匙」為由，匆忙離開了鄰居家。

可 能 發 生 哪 些 危 險 ？

① 不懂得及時離開，繼續觀看色情影片，身心均遭到傷害。

② 在色情影片的誘發下，被鄰居叔叔侵犯了。

③ 沒有及時逃離，就可能因為不服從或反抗，招致其他人身傷害。

遇到危險容易犯的錯！

①「氣氛不對？我沒有覺察到。」
　　　被誘導一起觀看色情影片，已經造成精神侵犯了。

②「我知道氣氛不對，但就是遲遲不能離開。」
　　　如果找不到合適的理由，拔腿就跑也可以。

③「叔叔應該是放錯片了，他不會傷害我的。」
　　　別心存僥倖，反正先離開再說。

④「叔叔說這是藝術電影，我也怕自己判斷錯誤，誤會他了！」
　　　有誤會也沒關係，先離開吧。

正 確 的 作 法

1

懂得判斷形勢和現場氣氛

「感覺怪怪的，我不想再待在這裡了。」

小提醒：小女孩在任何場合跟男性，特別是跟成年男性接觸，都要懂得判斷形勢和氣氛。如果感覺氣氛不對或者隱約有危險，就要做好立即逃離的準備。

2

有逃離的想法就別猶豫，走得越快越好

「我要立刻離開才行！」

小提醒：要相信自己的直覺，會讓我們不舒服的氣氛或場合，一定有其原因，一有逃離的念頭就別猶豫，越早離開現場越安全，即使後來證明是誤會也沒關係。

3

可以找理由躲避

「我爸爸回來了，他沒帶鑰匙，我去幫他開門！」

小提醒：有些場合可以學習媛媛，懂得為自己的離開找理由，讓對方難以拒絕和挽留。

學習重點和補充說明

　　本篇的學習重點是「叔叔要我陪他看色情影片時，學會及時逃離」。那，還有什麼場合需要女孩特別注意，並隨時躲開呢？

　　回答：比如與男性共處密室、較多人抽菸喝酒的場所、成年人居多的場合，以及有不良少年少女在場的地方，都要學會及時離開，絕不逗留。

19 在壞人面前，不用當個誠實的孩子

　　有一次萱萱被壞叔叔跟蹤。壞叔叔把她逼到了一個偏僻的角落後，就對她動手動腳。萱萱很恐慌，因為在那麼偏僻的角落，就算呼救也沒人知道。聰明的萱萱靈機一動，說：「叔叔，我已經很可憐了，你就別再欺負我了，我有傳染病。」聽到萱萱這麼說，壞叔叔一下子就放開萱萱，拔腿跑了。

可 能 發 生 哪 些 危 險 ?

① 走投無路,只能被壞叔叔侵犯。

② 在侵犯的過程中有可能被推倒、毆打,身體嚴重受傷。

③ 跟新聞報導的一樣,還可能有生命危險。

遇到危險容易犯的錯!

① 「太害怕了,壓根兒沒想過要說謊。」
—— 太害怕時,確實容易頭腦一片空白。如果這時能說謊,或許可以逃過一劫。

② 「說謊不是不對的嗎?」
—— 對壞人說謊沒什麼不對。

③ 「我不敢說謊,我怕謊言被識破!」
—— 其實,不管能不能騙到壞人,都要嘗試,因為那可能是得救的唯一辦法。

1

學會「說謊」

「壞叔叔最怕什麼?」

小提醒:說謊不是瞎說,說謊的內容要根據「壞叔叔最怕什麼」來設計。但如果萱萱說:「我爸爸是警察」,反而可能激起壞人的報復心。

2

別無他法時,嘗試說謊

「只能說謊了!」

小提醒:即將遭受侵犯、身邊又沒有可以求助的人時,說謊可能是唯一的自救辦法了。這辦法不一定會成功,但一定要嘗試。

3

謊言一定要有殺傷力

「人人都怕傳染病,壞叔叔也是!」

小提醒:說謊的內容除了要恰當,還要狠,意思是一定要往最嚴重的後果去說。比如新冠疫情期間,人人都害怕新冠病毒,如果說自己感染了新冠病毒,壞人一定會逃之夭夭。

學習重點和補充說明

　　本篇的學習重點是「學會對壞人說謊」。但爸媽和老師經常教導我們做誠實的孩子,這是不是自相矛盾?

　　回答:這不存在矛盾。做誠實的孩子是正確的,但對壞人是可以說謊的。這跟做不做誠實的孩子沒有關係,因為壞人太壞了,有時候只能用謊言來對付他。

20 向最值得信賴的人求助

　　爸爸媽媽工作很忙，經常把小曦寄放在親戚家。可是，親戚家有個大哥哥經常趁大人不在，強吻和摸小曦的私密部位。小曦反抗過，還警告說要告訴爸媽。大哥哥卻很囂張地對小曦說：「妳說出去試試看，我是哥哥，不會有人相信我欺負妳的。」聽到壞人哥哥的話，小曦感覺很無助，她不知道自己該怎麼辦才好？

可 能 發 生 哪 些 危 險 ？

① 不敢告訴父母，只會讓壞人更加肆無忌憚。

② 跟壞哥哥的父母說了，他父母不相信，讓自己心理壓力更大。

③ 誰都不知道發生了什麼事，自己身心受損，等父母知道後為時已晚。

遇到危險容易犯的錯！ X

① 「沒人會相信我說的，因為他是我的親戚。」
— 不會的！跟最值得信賴的人說，他們一定會幫助你的。

② 「爸媽不會相信我的，他可能以為是小孩之間鬧彆扭。」
— 不要還沒說就認定爸媽不相信自己，一定要告訴爸媽實情。

③ 「自己已經是壞女孩了，說出來好丟人。」
— 被侵犯不代表自己是壞女孩。如果不敢告訴其他人，就想想誰最值得信賴。

④ 「已經告訴哥哥的爸媽了，他們不相信！」
— 最好的選擇是跟最值得信賴的人說。侵犯者的父母可能會偏袒自己的孩子，所以第一時間要跟自己的父母說。

1

不要逢人就求助

「只告訴能幫助自己的人！」

小提醒：不要逢人就說，是為了避免有些人不但幫不了自己，還將事情流傳出去，增加自己的心理壓力。要告訴真正能幫助自己的人。

2

趕緊告訴父母

「我也不知道我最信賴誰，只能告訴爸爸媽媽。」

小提醒：如果不知道自己最信賴的人是誰，那就毫不猶豫地告訴父母。要明白，父母一定是值得信賴的人。

3

想一想：誰是最值得信賴的人

「老師值得我信賴，我要讓他幫我報警！」

小提醒：記住，要選擇最值得自己信賴的人，而不是隨便找一個人說。如果認為老師最值得信賴，可以嘗試讓老師幫助自己。

學習重點和補充說明

　　本篇的學習重點是「向最值得信賴的人求助」。那能不能求助自己的同齡好友呢？

　　回答：最好告訴有能力幫助自己的人，比如父母。同齡人可能不具備給自己保守秘密和幫忙的能力，除非在自己跟父母無法及時取得聯繫的情況下，可以讓同齡好友轉告父母。

21 勇敢跟醫生和警察說實話

　　萱萱跟同學一起去KTV唱歌，沒想到還來了一些社會人士。其中一位叔叔就對萱萱動手動腳，還威脅她說：「妳要是把這件事情告訴別人，會遭報復的。」幾天後，萱萱做身體檢查時，醫生發現萱萱可能遭性侵了，於是報了警。但是警察一來，萱萱卻更害怕了。她想起壞叔叔的話，無論醫生和警察怎麼問，她都不敢說實話。後來，因為證據不足，壞叔叔並沒有被抓起來。

可 能 發 生 哪 些 危 險 ？

① 壞人沒有得到應有的懲罰，就會繼續找機會侵犯自己。

② 壞人因為逍遙法外，變得更加肆無忌憚。

③ 壞人沒被抓，讓別的小女孩也處於被壞人侵犯的危險中。

遇到危險容易犯的錯！

① 「怕被報復，所以替壞人保守秘密！」

壞人說的報復都是嚇唬人的，要堅信父母、醫生和警察可以幫助自己。

② 「我現在很害怕，什麼都不知道！」

受到性侵後，情緒很糟糕可以理解，但一定要配合醫生的檢查和警察的調查。

③ 「感覺這是一件難以啟齒的事，不知道怎麼說。」

調整情緒，把自己所經歷的一切都告訴醫生和警察。

1

相信醫生和警察會幫助自己，冷靜配合調查

「只有配合醫生和警察，才能真正保護自己！」

小提醒：首先需要調整心態，即信任醫生和警察。醫生能幫助自己彌補身體傷害，並告訴警察醫學結論；警察則能夠根據充足的罪證把壞人抓起來。

2

不能軟弱，一定要勇敢指證壞人

「不能軟弱，不能害怕報復！」

小提醒：不要膽小軟弱，要勇敢地站出來配合調查、指證壞人。不用害怕被報復，父母和警察一定會幫助自己的。

3

說清事實、經過和細節，才能讓壞人得到懲罰

「作為受害者，一定要詳細說清楚！」

小提醒：如果不知道要對醫生和警察說什麼，可以在父母的引導下，詳細講述事情的經過和細節，老實告訴醫生和警察。只有這樣，才能讓壞人得到應有的懲罰。

學習重點和補充說明

　　本篇的學習重點是「敢於跟醫生和警察說實話」。但壞人有時威脅我們，說他認識很多醫生和警察，這是不是真的？

　　回答：是不是真的不重要，一定要相信幫助我們的醫生和警察是不會幫助壞人的。我們對醫生和警察實話實說就可以了，不用理會壞人的威脅及謊言，一定不要替壞人保守秘密。

22 讓父母的愛與陪伴安撫和激勵自己

可涵回家時，電梯裡有個流氓對她強吻和襲胸。電梯門一打開，流氓就一溜煙地跑了。可涵告訴了媽媽，但沒有細說，所以媽媽以爲只是頑皮小男孩的惡作劇，沒把它當一回事。事實上，這件事對可涵造成極大的打擊，讓她搭電梯都有心理陰影了。可涵原本以爲時間會治癒一切，但過去好久了，她仍然無法拋開痛苦的情緒。

緊張

可 能 發 生 哪 些 危 險 ?

(1) 突然被侵犯了，感覺難以接受。

(2) 沒有及時開導，心理產生巨大的陰影，從此不敢搭乘電梯。

(3) 容易自卑，認為壞人太多，變得不再相信任何人了。

遇到危險容易犯的錯！

(1) 「時間會治癒創傷的，不需要別人幫助。」

被侵犯的精神傷痛是很難自我療癒的，需要父母及朋友的共同幫助。

(2) 「即使是爸媽，我也不願提起這件事，太丟臉了！」

你想太多了，父母不可能嫌棄我們的。

(3) 「事情已經發生了，沒有人可以幫助自己，一切都無法挽回。」

這是固執的把問題嚴重化，更需要積極的心理干預。

用父母的愛和陪伴進行自我激勵

「這世界上還有最愛我的爸爸媽媽！」

小提醒：如果被侵犯，最好的解藥可能不是時間，而是父母的愛和陪伴。要學會用父母的愛和陪伴激勵自己，多跟父母聊天，一起做快樂的事。

1

記住：我們仍然是最美好的女孩

「嗯，要更加愛自己！」

小提醒：生活中難免被傷害，即使被侵犯過，也要堅信我們是最美好的女孩。世間還有很多好人和美好的愛，比如父母的愛。

2

積極接受心理輔導和心理治療

「感覺自己心理有點不正常，趕緊告訴父母！」

小提醒：如果情緒過於低落，遲遲不能從壞情緒中走出來，一定要告訴父母並接受心理治療，不要排斥心理輔導和心理治療介入。

3

學習重點和補充說明

　　本篇的學習重點是「被性侵害之後，不要忽視精神傷害」。女孩被侵犯的心理創傷，往往要比身體創傷更嚴重嗎？

　　回答：可以這麼說。小女孩被侵害的心理傷害可能比身體傷害更嚴重，而且這種情況往往會被忽視。小女孩經常以為自己能調整，但如果沒有及早接受幫助，進行必要的心理建設和輔導，可能會錯過最佳的心理治療時間，最終造成不可逆轉的心理問題。

和專家聊聊天

在性教育方面，很多家長都抱著一種「只要我什麼都不講，我的孩子就會保持單純」的僥倖心理，把所有涉及「性」的問題都看作敏感話題，對孩子閉口不談。這個作法無異是掩耳盜鈴，其實，孩子越得不到性教育，越不可能保持單純。

這讓我想起曾經看過的一則報導：在美國的佛羅里達海岸，城市的燈光曾導致剛破繭而出的小海龜迷路。因為海龜對光很敏感，岸邊的燈光使一些小海龜直奔錯誤的方向，爬到了岸上還一直爬，最終導致小海龜們死亡。同樣，在兒童性教育過程中，孩子也可能因為好奇，被不該有的刺激帶錯了方向。尤其在網際網路時代，如果孩子缺乏正確的引導，只能憑空探索，一不小心就會被各種奇怪的資訊誤導，從而走上歧途。

孩子對性知識的渴望，如同一粒種子對陽光的渴望。我們用石板壓住，假裝它不存在，一旦揭開就會發現種子早已發芽，而且在石板的掩蓋下，形態扭曲、奇形怪狀。「性」

和「性教育」在日常話題中猶如洪水猛獸，父母、老師都避而不談，千言萬語匯成一句「長大後你就知道了」。性教育的缺失，恰好成為犯罪的「幫凶」。

實際上，孩子從5歲起就需要獲得適齡發展的性教育了。曾經，在對8萬7千多名年輕人的64項研究中發現，以學校和家庭為基礎的全面性教育，能減少高風險性行為，也降低了低齡性侵事件的發生率。

Part4

同齡社交篇：

同齡男生多數性早熟，相處和交往要保持距離

- ▶ 男女有別，不隨便與男生勾肩搭背
- ▶ 跟男生玩遊戲，盡量避免身體觸碰
- ▶ 警惕言語方面的性騷擾
- ▶ 如果有男生提出過分要求，要答應他嗎？
- ▶ 有行為古怪的男生跟蹤我，怎麼辦？

23 男女有別，不隨便與男生勾肩搭背

　　這學期，萱萱和鍾睿的關係突飛猛進，整天待在一起，還常常勾肩搭背。有一天，可涵悄悄的跟萱萱說：「妳們太親密了，大家都以為妳們……」她邊說邊用手比了個愛心，萱萱一下子就臉紅了。回家後，萱萱問爸爸：「同學們都說我和鍾睿是一對，我怎麼解釋都沒用。」爸爸就教她，她這個年紀跟男生交往，確實有必要保持一定距離。

可 能 發 生 哪 些 危 險 ？

①	②	③

因為不懂得和男生保持距離，自己可能無意間已經被侵犯了。

有人可能會錯誤的認為自己是個隨便的小女孩，因而誘發性侵害。

不利於自己建立性隱私安全意識。

遇到危險容易犯的錯！

① 「我不把他當男孩，他不把我當女孩呀。」

　　這只是妳自己的看法。他是男孩，妳是女孩，這是事實。

② 「他是我的好朋友，我沒那種心思，相信他也沒有。」

　　信任朋友是一回事，但行為也應該注意。因為除了影響不好之外，對自己的身心安全也沒好處。

③ 「太見外了，怕會破壞兩人的關係！」

　　和男生交往時保持距離，是必要的，這並不會破壞兩人的友好關係。

1

關係再好也要保有性隱私

「他是男孩，我是女孩，交往應該注意距離！」

小提醒：為了保護自己，小女孩與男生交往時要特別注意保持距離，小心過度親密。換句話說，關係再好也要有性隱私的觀念，要懂得男女有別。

2

懂得主動回避，防止偷窺

「有些男生的事，女生要回避；有些女生的事，男生也要回避。」

小提醒：不管男女，換衣服、上廁所這類事情，雙方都要回避，並防止被異性偷窺，這是最基本的性隱私常識。即使兩人感情再好，這些規矩也要遵守。

3

告訴男生注意言行舉止，尊重女性

「告訴他是為了他好，也是為了保護自己。」

小提醒：如果身邊有男生的行為和言語對女性不太禮貌，或者自己感到被侵犯了，應該立刻告訴對方，請他注意並尊重女性。即使他跟自己的關係再好，也要指出來。

學習重點和補充說明

　　本篇的學習重點是「和男生交往，要保持一定距離」，換句話說，就是要建立性隱私安全意識。那麼，對爸爸也要有性隱私安全意識嗎？

　　回答：是的。上小學以後，小女孩跟爸爸的關係也需要特別注意。在建立性隱私安全意識下，跟爸爸的親密舉動可以用其他方式代替，並且有些事情最好回避。比如盡量跟爸爸分床睡、爸爸換衣服時要回避、不讓爸爸幫我們洗澡等。

跟男生玩遊戲，盡量避免身體觸碰

　　小曦上完體育課後感覺渾身痠痛，同桌的鍾睿看到後，問她：「我給妳做個全身按摩吧。」小曦對他的按摩技術很懷疑，鍾睿就說：「按按捏捏誰不會，妳就當作是玩按摩遊戲好了。」按摩遊戲？聽起來好像很好玩。當小曦正準備讓鍾睿按摩時，突然又想起媽媽的叮嚀：不要跟男生玩會親密接觸的遊戲。最終，小曦還是拒絕了鍾睿：「算了，還是不玩了。」

可 能 發 生 哪 些 危 險 ？

①
小女孩的辨別力弱，在親密接觸的遊戲中可能會遭受騷擾。

②
和男生玩會親密接觸的遊戲，有誘發異侵犯的可能。

③
如果在遊戲過程中被侵犯了，對身體和精神都有傷害。

遇到危險容易犯的錯！

① 「只是玩玩而已啦！」
如果懂得保護自己，小女孩是不應該跟男生玩會親密觸碰的遊戲的。

② 「鍾睿就是小男生，什麼都不懂的。」
別小看同齡的男生，「性早熟」的小朋友很常見的。

③ 「鍾睿跟我很熟，不會傷害我的！」
玩著玩著，他如果控制不住自己呢？

④ 「玩遊戲就應該投入呀，不然就不好玩了！」
有些遊戲與是否投入無關，是該不該玩的問題。

正 確 的 作 法

1

不要輕易跟男生玩摔跤、按摩、親吻等遊戲

「還是不玩了吧，有那麼多別的遊戲呢！」

小提醒：不要隨便和男生玩容易發生親密身體接觸的遊戲，比如和異性玩摔跤、按摩、親吻等遊戲，這是在保護自己。

2

如果遊戲中難免有身體觸碰，最好有大人陪同

「媽媽在我旁邊，他應該不會亂來！」

小提醒：其實和男生玩遊戲是正常的，有時候也會涉及身體接觸，但最好有老師或父母在場，這樣才能避免發生不必要的糾紛。

3

對於男生主動提出的親密接觸遊戲，找理由拒絕

「不玩啦，我還有事！」

小提醒：玩一切遊戲都要以避免被侵犯為前提，對於男生主動提出的親密接觸遊戲，可以找理由拒絕。

學習重點和補充說明

本篇的學習重點是「不要跟男生玩會親密觸碰的遊戲」。但如果學校社團排練話劇時，為力求逼真而需要親吻和摟抱呢？

回答：即使是表演，很多親密的身體接觸，比如親吻、脫衣服等，都是可以省略的。尤其在學齡階段，沒必要因「演戲的需要」而去進行親密的身體接觸。

25 警惕言語方面的性騷擾

　　週末，萱萱和鍾睿兩家人一起去野外露營。沒想到週一上學時，班上就流傳萱萱和鍾睿一起睡覺的謠言，還有人說萱萱已經不是一個好女孩了。萱萱覺得自己一個女孩子，被傳這些風言風語很不好，但看著大家好像都把這件事情當真了，她就更加不知道該怎麼辦了。萱萱變得很苦惱，甚至到最後還自我懷疑：我真的不是一個好女孩了嗎？

可 能 發 生 哪 些 危 險 ？

(1)
被不理性的謠言困擾，名聲受損，影響了正常的學習生活。

(2)
因為遭受言語暴力而憂鬱、想不開。

(3)
開始自我懷疑，對自己缺乏信心。

遇到危險容易犯的錯！

(1) 「我的名聲已經被玷汙了！」

嘴巴是別人的，別人要去說什麼自己很難控制，所以對謠言別太在意。

(2) 「我要解釋清楚，不然我會很難受。」

謠言這種東西是解釋不清楚的，越解釋越讓自己難受。

(3) 「好丟臉啊，以後都不知道怎樣面對大家了！」

本來就是誤會，真正了解自己的人才不會相信呢，不丟人！

1

選擇主動離開，不繼續話題
「好無聊的話題，我主動回避吧！」

小提醒：如果自己的忍受力差，那就選擇盡量回避吧，減少在謠言的場合裡出現。

2

嘗試告訴散播謠言者，他正在做壞事
「嗯，讓他們知道他們正在做壞事！」

小提醒：散播與性有關的謠言，是言語上的性騷擾。有些小朋友不知道事情的嚴重性，喜歡瞎起閧、添油加醋，殊不知自己正在做壞事。

3

如果苦惱，就告訴父母
「被同學們那樣說，我很不開心，我要告訴父母！」

小提醒：不要假裝堅強，如果不開心，一定要主動傾訴。其實，小女孩是很難抵擋謠言的壓力的，長此以往，很容易導致心理問題。最好是告訴父母，讓父母了解情況並開導自己。

學習重點和補充說明

　　本篇的學習重點是「如何面對同學不理性的謠言或言語暴力」。性侵害有時是體現在語言上，關於這種性侵害，需要特別注意什麼呢？

　　回答：小女孩從幼年起，就比較容易遭受各種語言上的性騷擾，比如語言挑逗、私密部位名稱辱罵等。不要小看語言的破壞性和惡劣影響。女孩從小就應該警惕言語性侵害，並加強自己防禦這種侵害的能力。

26 有男生提出過分要求，要答應他嗎？

　　有個高年級的男生喜歡可涵，他擅自拿走了可涵的筆記本，說要留作紀念。可涵要求對方歸還，對方說可涵答應讓他抱一下和親一下，才歸還筆記。可涵非常生氣，認為對方在耍流氓，但若不答應，重要的課堂筆記就要不回來了，怎麼辦呢？最後，猶豫不決的可涵還是妥協了，她自我安慰：「算了，還是大事化小，小事化無吧。」

可 能 發 生 哪 些 危 險 ？

1 非本人意願的擁抱和親吻，已經造成性侵了。

2 擁抱和親吻也可能導致更進一步的性侵危險。

3 如果這一次妥協了，以後可能還會面臨同樣的威脅。

遇到危險容易犯的錯！

1 「為了拿回筆記本，滿足他這次的要求吧，下不為例！」

　　有第一次，就可能有第二次、第三次，甚至更多次。

2 「他是高年級的男生，不敢得罪呀！」

　　不用害怕，理虧的是他，讓老師幫忙解決吧。

3 「親一下、抱一下沒多大損失的！」

　　每個女孩都有不允許別人觸碰的私密部位。

1

解釋筆記本對自己有多重要，看看對方是不是在開玩笑

「這本筆記本對我很重要，別開玩笑啦！」

小提醒：有時候，男生可能只是言語上的侵犯，沒有膽量付諸行動。可以先試探一下，如果對方是認真的，就要用嚴肅的方法對待了。

2

堅決不答應無理要求

「這要求太無賴了，不能妥協！」

小提醒：不管能不能要回筆記本，一定不能隨便答應無理要求。對於這種不懷好意的要求，滿足一次，就可能會有第二次、第三次，甚至更多次。

3

尋求學校老師或警衛的幫助

「這是在學校耍流氓，必須找老師或警衛幫助才行！」

小提醒：按照學校紀律來講，高年級男生的行為涉及妨害正常的教學。所以如果要不回筆記本，可以考慮找老師和警衛幫助自己，對男生進行教育。

學習重點和補充說明

　　本篇的學習重點是「如果有男生提出過分要求，要懂得拒絕」。那如果是關係特別好的男同學提出身體親密接觸的要求，能不能答應呢？

　　回答：不能答應！小女孩不具備獨立的性行為判斷力，過度的身體接觸都屬於「越界」行為。即使是關係非常好的男同學，也不能發生過分親密的身體接觸。

27 有行為古怪的男生跟蹤我，怎麼辦？

　　隔壁班有一個高大男生，性格孤僻古怪，沒什麼朋友。最近，他經常在放學的路上阻攔媛媛，有時候扮鬼臉嚇唬人，有時候拉拉扯扯。今天男生又跟蹤媛媛了，媛媛開始沒在意，以為男生跟蹤一段路就不跟了。但她走了好久，男生還一直跟著，媛媛越想越不對勁，因為前面拐彎就是偏僻的小路了。意識到危險的媛媛沒有拐彎，趕緊走到熱鬧的大馬路，打電話讓爸爸來接自己。

媛媛放學回家。

啊哈！

啊！

突然抱住

啊！

可 能 發 生 哪 些 危 險 ？

(1) 被跟蹤後，不排除會被侵犯身體。

(2) 在偏僻的地方可能會發生惡劣的行為，甚至有生命危險。

(3) 對方可能不會犯罪，但因為性格古怪，也可能做出其他危險舉動，要提高警覺。

遇到危險容易犯的錯！

(1) 「他就是隔壁班的同學，沒什麼的。」

有跟蹤或拉拉扯扯等行為，就代表需要特別提防和小心對方，跟他是不是同學沒有關係。

(2) 「他年齡和我差不多，不用害怕吧！」

小女生被同齡男生侵犯的事，新聞上屢見不鮮。

(3) 「他只是喜歡跟我開玩笑而已！」

被跟蹤不是小事，更不是開玩笑。

(4) 「他在學校經常受歧視，我不應該再討厭他！」

我們不要去歧視他，但也要懂得保護自己。對於性格古怪，還會跟蹤自己的人，更應該小心。

1

不要小看同齡男生的古怪行為

「他竟然跟蹤我，好可怕！」

小提醒：如果被同齡男生跟蹤，應當立即引起重視。不要以為小男孩沒有傷害性。近年，未成年人性犯罪率升高，可不是鬧著玩的。

2

在第一次被騷擾時，就應該及時跟父母或老師說

「嗯，第一時間告訴爸媽！」

小提醒：在第一次被跟蹤尾隨或者拉扯、嚇唬時，就應該及時告訴父母或老師。但如果持續被性騷擾又沒辦法解決，可以考慮轉學。

3

被跟蹤時，要立即走向熱鬧的地方

「好像有人跟蹤我，我得往人多的地方走！」

小提醒：如果被跟蹤，來不及脫身，就應該盡量往熱鬧的地方走。同齡男生的傷害能力是非常驚人的，千萬不要輕視。

學習重點和補充說明

　　本篇的學習重點是「慎防同齡人的跟蹤」。可如果這位古怪的同齡人是熟人，他爸媽跟我爸媽是認識的，也要小心謹慎嗎？

　　回答：是的。不管是不是熟人，有人跟蹤尾隨自己，做出一些讓人不舒服的事，都要提高警覺。他們的行為存在危險性，一旦危險發生就無可挽回，所以還是要盡量降低風險。

和專家聊聊天

　　我們偶爾會看到，一些小學生當著路人的面親吻對方，或捷運內學生模樣的兩名同學在做不雅的動作……雖然他們對兩性關係已經有了一定的認知，但是他們對性的態度並不成熟。

　　爲什麼這麼說呢？很多同學認爲性教育就是在講性行爲。其實，性教育和生命教育是息息相關的，對待性的態度也反映了對待生命的態度。

　　所有的生命都是由性創造而來。在進化的過程中，我們沒有成爲宇宙中的無機物，而成爲生命；沒有成爲眾多低等的生命，而成爲人，可以說我們生來不易，是最幸運、最珍貴、最神聖的存在。女孩和男孩一般出現青春期性徵象的年齡分別爲10.5歲和11.5歲，這時，孩子需要了解生命的根源，知道生命的可貴，才會對「性」有正確的認知和態度。

　　可惜的是，在我們的文化中，缺少對孩子性發展規律的

研究。很多父母沿襲著老一輩錯誤的觀念和方式，來對待和教育孩子的性活動，導致孩子的性發展受挫，爲成年後的性心理健康埋下了隱患。

　　總之，性是生命的一部分，接納性就是接納自己的生命。

Part5

陌生人接觸篇：
做好6件事，可降低
被陌生人侵犯的風險

▶ 小小女孩兒，不用自來熟

▶ 手機驚見神秘人邀約，可以去嗎？

▶ 大哥哥讓我去扮演他的女友，怎麼辦？

▶ 陌生網友要免費幫我上課，可以相信嗎？

▶ 媽媽不在，能讓飯店服務人員進入房間嗎？

▶ 快遲到了，能不能搭陌生人的車去學校？

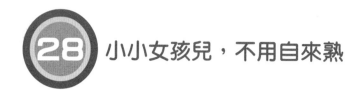

　　小曦搭乘公車時，讓座給一位老伯伯。為了顯示自己大方有禮，她還主動跟老伯伯聊天，很快就把自己讀哪個學校、叫什麼名字、學習成績很優秀的事情全抖了出來。老伯伯看小曦這麼自來熟，就想請她再幫一個忙。他說：「我的孫女跟妳一樣大，成績不好，妳能不能跟我回家一趟，指導一下她？」小曦一聽是幫助人，想都沒想，立刻就答應了。

可 能 發 生 哪 些 危 險 ？

1

2

3

把什麼都告訴陌生人，無形中助長了陌生人對自己的了解，更便於他們犯罪。

輕易就前去幫忙，結果中了壞人的詭計，被壞人侵犯了。

被壞人拐賣或者實施其他違法犯罪的行為。

遇到危險容易犯的錯！

1 「平常不是鼓勵我要大方有禮嗎？主動搭話不好嗎？」

跟陌生人沒必要刻意大方有禮，小女孩不用那麼自來熟。

2 「人家看上去就是老伯伯，還行動不便呢！」

壞人是不分年齡的，老年人當中也有壞人哦。

3 「這條公車路線我熟得很，沒事的！」

熟悉通勤的公車路線，那陌生人家裡呢，也一樣熟悉嗎？

正 確 的 作 法

1

對陌生人可以禮貌，但不用自來熟

「禮貌是必要的，但跟他不熟，不用太主動。」

小提醒：這句話的意思並不是要對陌生人不禮貌。對陌生人禮貌是對的，但這不意味需要自來熟。對陌生人表現自己主動熱情的性格，完全沒必要。

2

不主動搭話，不透露過多資訊

「讓座就可以了！」

小提醒：讓座的舉動很好，但讓完座後就不要再主動跟陌生人搭話了，也不要透露太多個人資訊給對方。

3

對對方的任何請求，都找理由拒絕

「對不起，我有急事，下次再幫您！」

小提醒：可以禮貌地回復說自己有急事，不方便幫忙。總之，對陌生人的任何請求，都要懂得找理由拒絕。

學習重點和補充說明

　　本篇的學習重點是「小小女孩兒，不用自來熟」，就是不主動去搭訕陌生人，又要對陌生人的搭訕或請求提高警覺。這是為什麼呢？

　　回答：正常來說，小女孩的能力是不足以幫助一個大人的。壞人經常會利用小女孩的善良，假裝自己是需要幫助的人，誘騙小女孩並進行性侵害。

29 手機驚見神秘人邀約，可以去嗎？

　　萱萱的手機突然收到一條陌生簡訊：我有個東西送給你，放學後到後山見。這是我倆的秘密，不能讓別人知道哦。署名是「一個關注你很久的人」。發現有人要送東西給自己，萱萱很興奮。但沒過多久，她就猶豫了：「都不知道是誰，能去見嗎？」萱萱想找小曦商量，但對方說過，不能讓別人知道。她思來想去，還是決定放學後去看看，因為她覺得不能無視別人的好意。

可 能 發 生 哪 些 危 險 ？

1	2	3
這可能是壞人的陷阱，赴約就有可能被陌生人侵害。	是壞人發的邀約簡訊，儘管最後逃離了，還是受到侵犯，身心俱損。	還可能被陌生人控制並拐賣。

遇到危險容易犯的錯！

1 「知道我電話號碼的，肯定是熟悉的人！」

那可不一定，現在有許多非法商家會買賣電話號碼給壞人。

2 「去看看，隨機應變，有危險就跑！」

等發現危險，想逃跑就來不及了。

3 「後山就在學校裡，別人不敢怎樣的。」

後山是學校的偏僻地帶，正適合違法犯罪。

4 「人家的好意，無視就太對不起了。」

無視就無視了，如果真要送自己禮物，會另外再找時間送的。
與危險相比，不理會陌生邀約是對的。

1

直接忽視簡訊，當作沒看見

「嗯，不理會就好了！」

小提醒：也不知道是誰的手機邀約簡訊，不必當真。現在是個資被到處洩漏，陌生人知道自己的手機號碼很平常的年代，對於不明簡訊不用放在心上。

2

警惕「秘密」二字

「送人禮物可以大大方方，不是什麼秘密。」

小提醒：對方如果特別強調不要告訴別人，還提及「這是秘密」之類的字詞，就要特別警惕了。這多半不是好事，千萬不要上當了。

3

不要一個人去見身分不明的人

「不然我叫幾個同學跟我一起去？」

小提醒：不用真的保守「秘密」。如果好奇或者覺得必須去，可以多拉幾個同學一起去，而且不要只叫一兩個人，人越多越好。

學習重點和補充說明

　　本篇的學習重點是「不接受陌生人的邀約」。那如果是同學介紹的朋友呢，可以去見見嗎？

　　回答：最好還是徵求父母的意見，讓大人做主。一般來說，如果是同學介紹的陌生人，也不要一個人去。如果不是非見不可，乾脆就不見，這跟不隨便見網友是同樣道理。反正謹慎總是沒壞處。

大哥哥讓我去扮演他的女友，怎麼辦？

　　可涵家對門有一個輟學多年的哥哥，可涵經常看到他在樓下的小花園裡抽菸，或者跟一群小男孩打牌。有一天，鄰居哥哥遞給可涵一張小紙條，上面潦草的寫著：妳能假裝是我女朋友嗎？我想請妳幫我在兄弟們面前撐面子。可涵看到「女朋友」幾個字，臉一下子就紅了，她不知道要不要幫大哥哥的忙。

可 能 發 生 哪 些 危 險 ？

①	②	③
雖然是假裝女友，但也可能被大哥哥以女友之名侵犯了。	輟學的哥哥和他的朋友可能都是不良少年，很容易會被他們欺負或性侵害。	不良少年做的壞事可多了，拍裸照、毆打、猥褻之類的事都有可能。

遇到危險容易犯的錯！

① 「不幫的話，大哥哥對兄弟們可能不好交代！」

別管那麼多，安全要緊，大哥哥的面子不歸我們管。

② 「他是鄰居，不幫忙以後見面就尷尬了！」

尷尬就尷尬，總好過讓自己處於危險的境地。

③ 「他雖然不上學，但感覺不壞，幫幫他吧！」

大哥哥壞不壞，以小女孩的年齡和閱歷是很難判斷出來的。

④ 「他和他的哥們兒年紀都不大，不會做出什麼壞事的吧？」

現在的小孩都比較早熟，特別是輟學的不良少年，誰也不能保證他們會不會做壞事。

1

直接拒絕哥哥

「我不喜歡這樣！」

小提醒：要敢於拒絕不合理的請求，能找到合適的藉口更好。如果找不到，也可以直接拒絕，比如明確表示「我不喜歡這樣做」。不要為了對方的面子去做一些自己不喜歡的事。

2

選擇遞字條回絕

「我寫張字條回絕他！」

小提醒：可以用遞字條的方式回絕他。這樣，既可以恰當的傳遞拒絕訊息，又能避免當面拒絕產生的尷尬。以後也不要太親密來往，要時刻保持警覺。

3

盡量避免與不良少年接觸

「他不上學，還抽菸，整天瞎混，看上去好像不良少年！」

小提醒：雖然不能輕易判斷一個人是不是不良少年，但對於我們自身安全來說，應該盡可能避免與不良少年接觸。既然鄰居哥哥有可能是不良少年，那麼與他交往就一定要謹慎。

學習重點和補充說明

　　本篇的學習重點是「避免和不良少年交往」。可如果這位不良少年是自己的親戚呢，能和他出去玩嗎？或者不良少年是女孩呢，能一起玩嗎？

　　回答：看情況。如果有大人陪伴，是可以的；如果他一個人帶我們去跟他所謂的兄弟們玩，最好拒絕；如果是不良少女，也盡量不要交往，她可能不會侵犯我們，但她的朋友就不一定了。

31 陌生網友要免費幫我上課，可以相信嗎？

　　小曦加入了一個關於「試題測試」的學習群組。有一天，群裡一個自稱某某老師的人加了小曦的臉書，私訊說可以免費一對一視訊指導。小曦一聽是免費上課，立刻就答應了。對方還提出，為了能真實了解小曦的學習情況，最好選擇父母不在身邊的時間聊，以防打擾。就這樣，小曦跟沒見過面的這位老師，約定了第一次視訊聊天的時間。

可 能 發 生 哪 些 危 險 ?

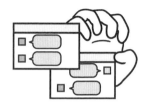

(1)

免費的視訊教學可能有欺詐風險。

(2)

跟陌生人視訊聊天,容易讓陌生人有機會了解自己,控制自己。

(3)

很多網路性侵的發生,都是從跟陌生人聊天開始的,要特別注意。

遇到危險容易犯的錯! ╳

(1) 「免費的視訊教學喔,機不可失!」

　　網路上切忌貪便宜,世上沒有白吃的午餐,網路上也是。

(2) 「只是視訊聊天而已,對方是侵犯不到自己的。」

　　小女孩分辨力弱,而壞人手段很多,他們總有辦法施行犯罪的。

(3) 「試試看,如果覺得不可靠就不聯繫!」

　　試試看的心理經常會害人。一定不要輕易嘗試,試了就有可能上鉤,提高被侵犯的可能性。

正確的作法 ✓

1

把源頭堵住，不接受陌生人加好友的請求

「不加陌生人好友！」

小提醒：一旦加了陌生人，對方就有機會施行詐騙或侵犯，一定不要隨便加陌生人好友。

2

堅決拒絕陌生人的視訊聊天請求

「跟他又不熟，視訊聊天幹嘛？」

小提醒：不管陌生人以什麼理由要求視訊聊天，都要堅決拒絕。主動找小女孩視訊聊天的陌生人，一般都不是好人。

3

警惕那些免費的網路行銷

「免費的？不可能！」

小提醒：網路上很多違法亂紀，都是從免費的網路行銷開始的，有些女童性侵案件也是。所以在網路上一定要特別提高警覺，壞人很容易利用貪便宜的心理進行詐騙和侵犯。

學習重點和補充說明

　　本篇的學習重點是「不跟陌生人視訊聊天」。那在網路上認識很久，只是沒有見過面的人，算不算陌生人，能不能視訊聊天？

　　回答：沒見過面的網友也算陌生人，也不能隨便視訊聊天。網路世界的複雜度不亞於現實社會，小女孩不能因為是網路就掉以輕心。不要隨便視訊，更不要隨便把自己的私密部位給其他人看。

32 媽媽不在，能讓飯店服務人員進入房間嗎？

　　媽媽去外地出差時，帶了萱萱一起去。媽媽參加會議時，就把萱萱留在飯店房間裡，並叮囑她不要擅自外出，也不要給任何人開門。中午的時候，有人按了門鈴。萱萱透過門上的貓眼，看到是飯店的男服務員，二話不說就把門打開了。服務員問：「小朋友，請問現在方便清潔房間嗎？」萱萱把服務員請進了房內：「可以，我媽媽出去了，正好清潔一下房間。」

可 能 發 生 哪 些 危 險 ？

①	②	③
服務員看房間裡大人不在，只有小女孩，臨時起了歹念。	只有一個小女孩在房間，很容易誘發陌生人的犯罪心理。	如果在房間裡被侵犯了，很難求救。

遇到危險容易犯的錯！

① 「他是飯店的服務員，應該沒事。」

　　任何行業、任何人群都可能存在壞人，所以以職業身分來判斷陌生人是不是好人，並不可靠。

② 「這是合法飯店，不會出事的。」

　　這跟飯店合不合法沒關係，何況飯店並不會禁止陌生人進出。陌生人進入房間侵犯自己，是很容易的事。

③ 「媽媽很快就回來了，不用怕。」

　　即使媽媽只離開5分鐘，陌生人也可能會在有限的時間內對自己施暴。

先關上房門的安全鎖，再開門縫對話

「暫時不用了，謝謝！」

1　小提醒：一個人在飯店房間，如果有包括服務員在內的陌生人來敲門，可以先插上房門的安全鎖鏈條，再開門縫對話；也可以掛上請勿打擾的告示牌，減少不必要的打擾。總之，一定不要讓對方進入房間。

不要透露只有自己一個人在房間裡

「嗯，不能讓陌生人知道只有自己一個人在。」

2　小提醒：除了不讓陌生人進房間，還不要透露只有你自己一個人在房間的訊息。甚至有必要假裝媽媽在房間裡，比如騙對方說媽媽正在工作，暫時不用打掃。

堅決不能讓陌生人進入自己的房間

「嗯，一定不能讓他進來！」

3　小提醒：如果陌生人進房間的企圖強烈，就更要提高警覺。要先穩住陌生人，堅決不讓他進房間，再聯繫媽媽尋求幫助。

學習重點和補充說明

　　本篇的學習重點是「不要讓陌生人進入你的房間」，那如果剛好媽媽的男同事來敲門呢？

　　回答：也不要讓他進房間，沒有把握就不要開門。可以假裝自己不在房間，不回應，也可以讓他撥打媽媽的手機聯繫。

媛媛上學眼看快遲到了，突然有一輛小汽車在她旁邊停下來。男司機搖下車窗問媛媛，知不知道怎麼去繁星小學。媛媛一聽是自己學校，心想太好了，就問司機能不能順路帶她。男司機一聽，高興的說：「剛好問對人了，那謝謝了，請上車！」媛媛二話不說就上了陌生男司機的車。她心裡還美滋滋的，為不用遲到而歡喜，早就把爸媽平時的教導拋到九霄雲外了。

可 能 發 生 哪 些 危 險 ？

① 上了陌生人的車，被陌生人在車上侵犯了。

② 司機沒有開去繁星小學，而是把自己拐到其他地方施暴或侵犯。

③ 一個人在陌生人的車上，如果壞人對我們做出犯罪行為，求救或逃脫都很困難。

遇到危險容易犯的錯！

①「不要把人想得那麼壞，天底下還是好人居多。」

壞人才不會讓小朋友一眼看穿，他們經常會偽裝成好人。

②「上車地點離學校很近，他不敢對我怎樣的。」

關在狹小密閉的車內，離學校再近也沒用，壞人很容易就把自己帶到離學校很遠的地方。

③「他說去繁星小學，助人之餘自己還不會遲到，太好了。」

陌生人說的話不能全部相信，他說去繁星小學，但也不一定真的去。

正 確 的 作 法

1

警惕主動搭訕的陌生司機

「主動搭訕小女孩的陌生司機，一般都需要提高警覺！」

小提醒：不要輕易相信很湊巧的事，對於主動搭訕小女孩的陌生司機都需要提高警覺。路上那麼多人，司機為什麼不找大人問路，而要找一個未成年小女孩呢？

2

第一時間遠離可疑車輛

「主動找我搭訕，這司機有點可疑，我還是躲開吧。」

小提醒：不要理會搭訕，或者直接說：「我不知道。」不要跟陌生司機產生過多的交談，首先要想的，就是遠離他。

3

堅決不上陌生人的車

「嗯，不能上車！」

小提醒：沒有爸媽陪同，一定不能上陌生人的車，這是基本底線。一旦上車，人身自由被限制，安全就得不到保障了。

學習重點和補充說明

　　本篇的學習重點是「沒有大人陪同，不要乘坐陌生人的車」。那如果有朋友陪同，可以乘坐計程車等交通工具嗎？

　　回答：也不鼓勵。嚴格來說，計程車也屬於陌生車輛，所以沒有大人陪同，不建議搭乘。即使有小朋友陪同也不能坐，因為同齡夥伴跟自己差不多，都不足以應付潛在的危險，也都容易被限制人身自由。

和專家聊聊天

　　電視實境節目曾做過一個防誘拐測試。50個孩子接受了測試，其中42個孩子最後都被成功誘拐。美國也曾經對幼兒園的孩子進行過調查，問他們哪些是「不能交談的陌生人」，孩子的答案裡出現最多的，竟然是「不好看的人」「對我很凶的人」「說話聲音很大的人」。這類實驗結果讓我們大吃一驚，更使家長心驚膽跳。實際上，年紀小的孩子多半無法成熟理解「陌生人」這個概念。若是我們沒幫孩子釐清定義，孩子就會根據有限的認知來進行解釋。

　　因此，家長可以把發生過的案例換成生活場景，在模擬的過程中，引導孩子多問「我應該怎麼辦？」，潛移默化地將安全知識扎根在孩子的思想中。例如：

　　①遇到陌生人搭訕求助，一旦對話超過5句，就應該立刻與陌生人保持距離，走到更安全的位置。

　　②教孩子在任何情況下，一定要牢記自己姓名、父母電話和家裡地址等重要資訊，並且不輕易對外人透露。緊急情況下撥打110，明確表達「我需要幫助」的訊息。

　　③父母臨時有事需熟人幫忙接孩子，孩子需先確認通關暗號。親友或他人來接時，要與父母通話，並確認身分和暗號。

　　總之，性侵者不一定都使用暴力，有時也會利用賄賂、誘騙、關愛等手段。所以，任何沒原因的送禮或求助都要警惕。

Part 6

加強防護篇：
辨識常見安全隱憂，杜絕性侵風險

▶ 跟男家教獨處一室要不要關門呢？

▶ 車廂裡發生不舒服的身體摩擦，正常嗎？

▶ 圖書館離家僅500公尺，我能獨自回家嗎？

▶ 天黑了獨自在教室寫作業，這樣好嗎？

▶ 小女孩能不能留在好朋友家裡過夜？

媽媽給可涵請了一對一的數學家教。第一次上課，男家教老師就很熱情的把可涵當朋友了，進小書房上課時，隨手就關上了房門。這個舉動讓可涵感覺不太舒服，她心想：幹嘛關門呢？除了爸爸，我不曾與男性在房間裡獨處過呢。可涵有點不自在，還有點害怕。她不知道自己是不是想太多了，她想把門打開，但又不知道怎麼跟老師說才好。

可 能 發 生 哪 些 危 險 ?

①

女孩子與男性單獨處在封閉房間內，容易發生被侵害的危險。

②

門被關著，其他人不知道房間裡發生什麼事，也不方便進入房間。壞人如果想犯罪，就可能更肆無忌憚了。

③

如果在封閉的房裡發生性侵害或其他傷害事件，想求救都很困難。

④

如果在封閉的房裡被麻醉了，不但自己不知道會遭到什麼傷害，就算媽媽在外面也可能不知道。

遇到危險容易犯的錯！

① 「他是家教老師，不會傷害自己的。」

記住，任何職業、性別、年齡的人都可能性侵女孩子。雖然不能把男教師往壞處想，但防備的心還是要有。

② 「在家裡不用怕，他膽子沒那麼大。」

別以為在家就可以掉以輕心，發生在家中的兒童性侵案件不少。比如被家教老師侵犯的案例，就時有所聞。

③ 「媽媽沒有反對，表明關門應該沒問題。」

可能媽媽剛好忽略了這個風險，我們自己應該覺察到危險，並提出來。

1

避免單獨與男性待在封閉房間裡

「跟男性在封閉的房間裡獨處，好像不太好。」

小提醒：小女孩平常要有安全防護意識。不管做任何事，單獨跟男性待在封閉的房間內都不太好，應該盡量避免。

2

對「反鎖門窗」「拉窗簾」等行為需提高警覺

「把門鎖上了！是不是有什麼不可告人的秘密？」

小提醒：和男性單獨待在房間內時，一旦發現對方有反鎖門窗或拉窗簾等行為，就要提高警覺。因為很多時候，共處一室學習沒有必要反鎖門窗。

3

如果在外進行一對一輔導，房間必須有監控

「這家補習班好像沒有裝監視器，感覺不太正規。」

小提醒：如果是在補習班上課，必須要求房間裡裝監視器。正常的輔導機構都會裝監視器。如果沒有監控，又要與老師單獨在封閉房間內上課，就要提高警覺，而且最好不要選這種讓人無法安心的學習機構。

學習重點和補充說明

　　本篇的學習重點是「避免單獨與男性待在封閉的房間內」。那如果是熟悉的男同學，可不可以單獨待在房間裡呢？

　　回答：男同學也要盡量避免，最好不關門、鎖門，因為完全沒必要。小女孩一定要避免單獨與男性待在封閉的房間內，不管對方是什麼年齡、職業。女孩子一定要有這種安全意識，並養成長期的社交習慣。

35 車廂裡發生不舒服的身體摩擦，正常嗎？

萱萱和媽媽坐捷運時，她的身旁站著一位中年男子。捷運很擁擠，中年男子的下半身時不時觸碰到萱萱的身體。萱萱一開始並沒有理會，只認為是人太多了。但後來，中年男子直接用手使勁地揉搓她的屁股。萱萱感到很不舒服，想大喊，又怕中年男子報復自己，只好忍住了。好在捷運很快就到站，萱萱迅速跑下車。

這個人的下半身總碰到我，是太擠了，還是他是故意的？

他在摸我屁股！

好想大聲呼救。

妳敢喊救命？

可是萬一喊了之後他報復我怎麼辦？我還是忍忍吧。

終於出來了！

萱萱妳沒事吧？

唉，一想到捷運裡發生的事情就不開心。

可 能 發 生 哪 些 危 險 ？

① 被車廂裡的壞人侵犯身體很可能會受傷。

② 如果在擁擠的車廂裡忍氣吞聲，壞人對自己的侵犯會變本加厲。

③ 雖然只是身體摩擦，但精神受到極大傷害，以後乘車、坐捷運都會有心理陰影。

遇到危險容易犯的錯！

① 「車上太擠，身體摩擦很正常，就算對方故意，也拿他沒轍。」
—— 不管是不是故意的，都應該直接指出對方的錯誤。

② 「想大聲求救，又怕對方當場報復我！」
—— 不求救一定會被傷害，而求救可能不會，那當然要選擇求救。

③ 「反正很快就到站了，忍忍就過去了。」
—— 這種事情不是忍忍就可以的，一定要保護自己。

④ 「如果我說他是色狼，他反過來說我汙衊他呢？」
—— 大不了就是一場誤會。就算不能及時讓壞人得到懲罰，至少也要讓他停止侵犯自己。

1

先學會大聲提醒

「你撞到我了,請注意一下!」

小提醒:人多擁擠時,確實很容易發生身體摩擦或碰撞。如果不能立刻判斷對方是否故意,可以先提醒對方注意。

2

學會用書包等物件擋住並保護身體的私密部位

「人太多了,要學會主動保護自己!」

小提醒:為了防止被有意無意的侵犯,在擁擠的地方,可以用書包或手邊的物品擋住私密部位,保護自己。

3

如果父母在場,盡量緊跟著父母

「不要跟丟了,跟父母在一起是最安全的。」

小提醒:在公車、捷運等擁擠的場所,應該盡量跟父母在一起,讓父母保護自己的小身軀。有大人陪同,也能讓壞人收斂一點兒,降低自己受侵犯的風險。

學習重點和補充說明

　　本篇的學習重點是「在擁擠的地方,警惕不舒服的身體摩擦」。那麼最需要提高警覺、最有可能發生身體摩擦的場所有哪些呢?

　　回答:除了公車、捷運等人流密集的公共交通外,還有電梯、狹窄的走廊、排隊場所、電影院出入口等地方,都要非常注意。

寒假時，爸爸送媛媛去圖書館後就去上班了。他叮囑媛媛不要一個人回家，等中午再來接她。中午，媛媛等不及爸爸來接，心想圖書館離家才500公尺，不如自己走回家好了。於是媛媛抄近路，走了一條偏僻的小路。可是才走到一半，媛媛就感覺到有人跟蹤自己。她不敢回頭看，正惶恐時，爸爸就出現在路口，媛媛快速飛撲進爸爸懷裡，而跟蹤的人也不見了。

偏僻的小路走那條會快一點吧。

15分鐘▶　◀10分鐘✓

怎麼感覺有一點奇怪？

噠噠

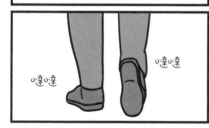

噠噠

噠噠

有人在跟蹤我！

好害怕

加快腳步

啊，是爸爸！

怎麼了媛媛？

爸爸！

剛才有人跟蹤我，但是他已經走了。

可能發生哪些危險？

1

爸爸沒有及時出現，被跟蹤的人侵犯了。

2

可能被拐到其他地方，遭受犯罪行為。

3

就算沒被侵犯，但被跟蹤也可能留下心理創傷。

遇到危險容易犯的錯！

1 「離家很近，我自己走回去就可以了。」

新聞裡曾報導過女孩在離家200公尺處被跟蹤者侵犯的案件，所以小女孩千萬不能掉以輕心。

2 「我很少自己回家，不會這麼湊巧吧？」

有時候，危險的發生就是那麼湊巧，總之，要盡量降低風險。

3 「我走路會很警覺、很小心的，放心吧。」

小心、提高警覺不可少，但是壞人常讓人防不勝防。

4 「走小路，可以更快回到家！」

人少的小路更不安全，特別是在夜裡，千萬別一個人走。

1

乖乖等爸爸來接

「爸爸叮囑過了，我還是等他來吧。」

小提醒：爸爸可能因為有事耽誤了一點兒時間，再耐心等一等。一定要聽爸爸的話，不要一個人回家。

2

如果想先回家，也應該得到爸爸的許可

「我想先回家，不然打電話跟爸爸商量一下吧？」

小提醒：就算是想先回家，也要跟爸爸聯繫並取得他的同意。即使離家不遠，也不要自作主張。

3

實在沒辦法，只能一個人回家，要走熱鬧的大馬路

「小路雖然近但不安全，我還是繞遠一點兒走大馬路吧！」

小提醒：如果真的只能獨自回家，要選擇熱鬧的大馬路走，不要為了抄近路走人少的小路。在人少的地方，小女孩很容易被壞人盯上。

學習重點和補充說明

　　本篇的學習重點是「避免自己一個人在路上行走」。那如果有朋友陪同，能走夜路嗎？

　　回答：也不可以。因為小朋友面對危險的經驗和應對能力不足，所以就算有小朋友一起，也不安全。小女孩結伴走路出事的案件，新聞也報導過。

37 天黑了獨自在教室寫作業，這樣好嗎？

　　放學了，小曦還留在教室裡做作業，打算把作業全寫完再回家，而且為了不被打擾，她還把手機關了。夜漸漸深了，小曦突然聽到門口有腳步聲，她嚇了一跳，一看是警衛叔叔才鬆了一口氣。警衛叔叔跟小曦說：「妳爸媽找不到妳，到學校來了。小女孩一個人晚上不安全，還是早點回家吧。」經警衛叔叔這麼一說，小曦才意識到自己做了一件讓人十分擔心的事。

可 能 發 生 哪 些 危 險 ?

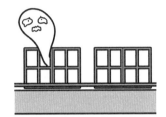

(1) 太晚了，自己一個人留在教室裡，萬一遇到壞人就危險了。

(2) 如果有壞人想要傷害自己，喊救命可能也沒人聽見。

(3) 沒人知道自己在哪兒、在做什麼，除了讓人擔心，自己也更加危險。

遇到危險容易犯的錯！ ✗

(1) 「學校安全得很！」
學校相對是比較安全的，但也有「安全死角」，比如偏僻的後山、空無一人的教學大樓等。

(2) 「學校有警衛巡邏，待多晚都沒事。」
學校警衛並不多，不可能任何時候、任何地方都巡邏得到。

(3) 「學校裡沒壞人！」
這可不一定，也許有壞人偷偷溜進去呢！而且學校裡有些工作人員也可能是壞人啊。

(4) 「關手機是為了專心寫作業。」
關手機等於是失聯的狀態，一定會讓爸媽擔心。

1

不在僻靜或幽暗的地方久留，比如空無一人的教室

「同學們都走了，天也快黑了，教室並不安全。」

小提醒：僻靜幽暗或人少的地方，都是壞人最喜歡作案的場所。所以為了自身的安全，應該避免在此類地方逗留。

2

隨時讓爸媽知道自己在哪裡、做什麼，並保持聯繫

「不能關機，這樣爸媽會更擔心我。一旦有情況，想求救都難。」

小提醒：隨時讓爸媽知道自己在哪裡、做什麼，並保持聯繫，這是最基本的安全習慣。在僻靜的地方逗留時，更不能讓自己處於失聯狀態。

3

聽警衛叔叔的話，早點回家

「警衛叔叔說得對，晚上治安不太好，我應該早點回家。」

小提醒：經警衛叔叔一說，以後就應該提高警覺了。自己要具備更強烈的安全意識才好，天黑後絕不在僻靜的地方久留。

學習重點和補充說明

本篇的學習重點是「不在僻靜幽暗或人少的地方久留」，那麼平時哪些地方屬於此類情況呢？

回答： 比如偏僻的公共廁所、小巷、空無一人的教學大樓和公園角落等，壞人偏好在這種地方尋找孤身一人的小女孩。因為在這些地方作案，成功率更高。

小女孩能不能留在好朋友家裡過夜？

可涵和同學們被邀請去一個男同學的別墅參加生日派對。派對很晚才結束，男同學說：「我爸爸媽媽都出差了，大家今晚就別回家了，我家很大，想睡哪兒就睡哪兒。」同學們都歡呼著表示同意，只有可涵遲疑了。她想起爸媽說過，不要隨便在別人家裡過夜。可是小夥伴們都願意留下來，自己不留好像不太好。在同學們的慫恿和勸說下，可涵最後也留了下來。

可 能 發 生 哪 些 危 險 ？

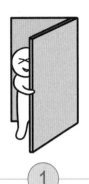

① 未經父母同意就在別人家裡過夜，會有被侵犯的可能。

② 可能會被男同學或其他相關人員侵犯。

③ 未經父母同意就留在別人家裡過夜，一旦習慣了，會增加安全風險。

遇到危險容易犯的錯！

① 「他家的別墅好多房間，我不跟別人同房就沒事了。」

首先，性侵事件不一定發生在睡覺時；其次，就算自己睡一個房間，也不保證別人進不來。

② 「男同學跟我很熟，其他同學也跟我很熟。」

被熟人侵犯的事件不少，越熟越容易讓自己放鬆警戒。

③ 「還有其他同學留下來呢，又不是我一個人，所以應該很安全。」

有其他同學留下來過夜，也不代表很安全，畢竟大家都只是小朋友。

④ 「大家都同意留下來，我不能不合群吧？」

千萬不要為了表現合群而讓父母擔心，將自己置於危險境地。

1

未經父母同意，堅決不在別人家裡過夜

「能不能留在別人家裡過夜，不是我能決定的，應該由爸媽決定。」

小提醒：小女孩對於留在別人家裡過夜是否安全，缺乏準確的判斷力。所以並不適合自作主張，應該徵詢父母的意見。

2

不管多晚都要回家

「不隨便在別人家裡過夜是一個好習慣，應該堅持！」

小提醒：作為未成年人，特別是小女孩，晚上要少外出。如果外出了，不管多晚也一定要回家。沒有父母允許絕不隨便在外過夜，這是好習慣。

3

嘗試找個理由跟同學道別

「我爸爸已經在路上，要來接我了。」

小提醒：同學可能會盛情邀請和挽留，這時可以嘗試找一個很難被拒絕的說法，比如「我爸爸已經來接我了」。

學習重點和補充說明

　　本篇的學習重點是「未經爸媽許可，不可以在別人家裡過夜」。例子說的是不要在男同學家裡過夜，那可不可以留在女同學家過夜呢？

　　回答：就算是女同學家，也別輕易留下來過夜，因為也存在不可預測的風險。能不能留下來，一定要徵詢爸媽的意見。如果夜裡晚歸，一定要與父母保持聯繫。

和專家聊聊天

美國一項回顧性研究表明：性教育的缺失，會讓很多孩子和年輕人只能透過良莠不齊的管道獲得兩性知識，而這些知識可能是錯誤的。比如最常見的「無法分辨什麼是藝術片和色情片」「認為未成年人性侵不用接受法律的制裁」……缺乏正確的性教育，不僅無法有效的保護孩子，還可能會帶來羞辱和挫敗感。

所以，家長在日常的性教育中可以提到以下兩點：

①外出時，要和家長彙報去向。要提前和父母說明目的地、陪同夥伴，以及大概的回家時間。到達目的地之後，要及時和父母聯繫並告知自己的具體位置。回程時，也應該報備父母，方便推算自己到家的時間。

②遇到緊急情況時，要隨機應變。比如跑進附近派出所、銀行或者商店，向工作人員尋求幫助。遇到陌生人強行要帶走自己時，應該想辦法吸引周遭人的注意，持續大喊「我不認識這個人」「救命」等。必要時，可破壞周圍的設施或者他人的東西。

另外，保護自己，生命第一。家長在教導孩子時，注意不要過分強調財務的重要性，比如對孩子說：「手機或書包丟了，我饒不了你。」之類的話。生命比任何財產都重要。

對小朋友而言，遇到任何問題都要第一時間和父母溝通、求助。父母可以幫助我們做好預防措施，有了他們的支持和愛，無論多大的創傷都一定可以慢慢修復。

附錄

隱私安全學習成果驗收

情境 1 每個女孩都有不允許別人觸碰的私密部位

1. 小女孩身體私密部位被強行觸碰，可能會受傷，甚至導致以後不孕不育。

   對（　）　　　　　　　　不對（　）

2. 小女孩身體的哪些私密部位不許別人觸碰？（　）

   A. 胸部　　　　　　　　　　B. 下體、大腿內側

   C. 屁股　　　　　　　　　　D. 四肢

情境 2 直到他被警察抓了，我才知道自己被性騷擾了

1. 日常生活中，壞人對小女孩的侵犯多表現為動手動腳。因為動手動腳偽裝性高，不易被察覺，難以辨識，所以總是被壞人利用。

   對（　）　　　　　　　　不對（　）

2. 哪些是不恰當的身體接觸？（　）

   A. 打、拍、踢　　　　　　　B. 強行擁抱或親吻

   C. 觸碰私密部位　　　　　　D. 沒有必要的身體摩擦

情境 3 不論年齡、性別、職業，任何人都可能是性侵犯

1. 不論年齡、性別、職業，任何人都有可能性侵女童。

   對（　）　　　　　　　　不對（　）

2. 不以年齡、職業身分去判斷一個人是不是壞人。

   對（　）　　　　　　　　不對（　）

情境 4 熟人也不可以做出不當的身體觸摸

1. 小女孩被熟人侵犯之後，更容易產生膽怯、懦弱、自卑的心理。但不管如何，不能沉默，一定要告訴爸媽。

   對（　）　　　　　　　　不對（　）

2. 因為小女孩對熟人常常沒有戒心，很容易讓自己陷入被侵犯的危險。

   對（　）　　　　　　　　不對（　）

如果大人帶我觀看色情的影片，能報警抓他嗎？

1. 如果大人帶我觀看色情的影片，可以報警。

　　對 （　　）　　　　　　　　不對 （　　）

2. 誘導小女孩一起觀看兒童不宜電影的人，一定不是什麼好人，以後應該遠離。

　　對 （　　）　　　　　　　　不對 （　　）

情境 6　　體檢時醫生要我脫光衣服，有必要嗎？

1. 如果有人教唆自己脫光衣服，一定要提高警覺，不能輕易服從。

　　對 （　　）　　　　　　　　不對 （　　）

2. 小女孩完全可以拒絕一切脫光衣服的行為，除非得到父母的同意。

　　對 （　　）　　　　　　　　不對 （　　）

情境 7　　被教唆觀看或撫摸他人的身體，都意味著性騷擾

1. 如果小女孩被命令觀看或撫摸他人的身體，就意味著性騷擾。

　　對 （　　）　　　　　　　　不對 （　　）

2. 不當和有害的身體觸摸，包括壞人觸摸自己，及自己去觸摸對方。

　　對 （　　）　　　　　　　　不對 （　　）

情境 8　　大多數的老師是好人，但也有個別的壞人

1. 大多數的老師是好人，只有個別的老師是壞人。

　　對 （　　）　　　　　　　　不對 （　　）

2. 壞老師經常假借工作需要之名侵犯女學生，偽裝性高，不易被察覺。

　　對 （　　）　　　　　　　　不對 （　　）

情境 9　　繼父要求我一起洗澡，該怎麼辦？

1. 小女孩不管與親生爸爸還是繼父相處，都應該保有性隱私安全意識。

　　對 （　　）　　　　　　　　不對 （　　）

2. 繼父性侵女兒，是需要追究法律責任的。

　　對 （　　）　　　　　　　　不對 （　　）

1. 拒絕一切不明飲料，不管是誰給你喝的。

對（　）　　　　　　　　　　不對（　）

2. 在酒吧、夜店、網咖、在成年人且男士居多的場所，小女孩對飲料要特別注意，不要什麼人給的飲料都拿來喝。

對（　）　　　　　　　　　　不對（　）

情境 11　　有大人買了貴重的首飾給我，要我幫忙

1. 收到昂貴的禮物，不用告訴爸媽，可以自己做主。

對（　）　　　　　　　　　　不對（　）

2. 只有多跟爸媽溝通，說說自己的交友情況，才能避免走歪路，避免各種被侵犯的風險。

對（　）　　　　　　　　　　不對（　）

情境 12　　叔叔說我是他未來的老婆，我該怎麼辦？

1. 每個小女孩都是屬於自己的，不屬於任何人，也不用聽命於其他人。

對（　）　　　　　　　　　　不對（　）

2. 任何大人跟自己表達愛意，都應該告訴爸媽，因為那可能是危險的信號。

對（　）　　　　　　　　　　不對（　）

情境 13　　舅舅說冬天太冷了，想跟我同床擠一擠

1. 小女孩不要隨便和異性同床睡覺，跟親戚也不行。

對（　）　　　　　　　　　　不對（　）

2. 舅舅說冬天太冷了，想跟我同床擠一擠，該怎麼辦？（　）

　　A. 一定要找理由拒絕

　　B. 將就著擠一擠

　　C. 沒有其他臥室了，所以只能一起睡了

　　D. 寧願睡客廳也不要一起睡

情境 14　　他掌握我考試作弊的證據，然後侵犯了我

1. 考試作弊確實不對，但比起被性侵害，考試作弊根本不值得一提，它不應該成為壞人侵犯自己的把柄。

對 （　　）　　　　　　　　不對 （　　）

2. 因為侵犯自己的壞人是教務主任，所以應該告訴爸媽，而不是老師或同學。

對 （　　）　　　　　　　　不對 （　　）

情境 15　　我被書店老闆侵犯了，他說都是我的錯

1. 男性好像總是喜歡侵犯長得漂亮的女孩，所以女孩長得漂亮不是好事。

對 （　　）　　　　　　　　不對 （　　）

2. 一個穿著暴露、性感的女孩，在公車上被異性動手動腳，應該如何正確看待這件事？（　　）

A. 女孩自己的錯，怪她穿得太性感了

B. 壞人太壞，總是對漂亮女孩下手

C. 在能力所及的範圍內幫助女孩，譴責壞人

D. 只要不影響別人，就不該干涉她的審美觀

情境 16　　叔叔喜歡抱我親我，我能說「不」嗎?

1. 叔叔們見面喜歡抱我親我，我雖然不喜歡，但會默默接受，因為要表現出大方有禮。

對 （　　）　　　　　　　　不對 （　　）

2. 爸爸的男同事見到我，總喜歡抱我親我。我不喜歡，應該怎麼辦？（　　）

A. 跟他說自己不喜歡　　　　　　B. 只能默默接受

C. 假裝自己很喜歡　　　　　　　D. 跟爸爸說自己不喜歡，讓他跟同事說以後別這樣

情境 17　　學會在公共場合大聲呼救：「有色狼！」

1. 在公共場合被侵犯，要勇敢的呼救，不要害怕被報復。

對 （　　）　　　　　　　　不對 （　　）

2. 在公共場合被侵犯，下列哪些是正確的呼救方法？（　　）

A. 喊「救命啊，有色狼！」　　　B. 向最有可能幫助自己的人呼救，比如司機或警察

C. 小聲呼救　　　　　　　　　　D. 勇敢尋求別人的幫助

情境 18　　叔叔叫我看不雅的影片，我是不是要盡快離開?

1. 小女孩在任何場合跟男性，特別是跟成年男性接觸，如果感覺氣氛不對或隱約有危險，
就要做好立即逃離的準備。

對 （　　）　　　　　　　　不對 （　　）

2. 作為小女孩，下列哪些場合不宜久留？（　　）

　　A. 以男性為主的聚會　　　　　B. 與男性共處密室

　　C. 有不良少男少女在場　　　　D. 社會人士居多

情境 19　　在壞人面前，不用做誠實的孩子

1. 爸媽和老師經常教導我們要做誠實的孩子，這跟學會對壞人說謊是自相矛盾的。

　　對（　　）　　　　　　　　　　不對（　　）

2. 下列哪些對壞人說謊的作法值得鼓勵？（　　）

　　A. 不要胡說八道

　　B. 說謊的內容可以根據「壞人最怕什麼」來設計

　　C. 謊言一定要對壞人有威脅，一定要「往最嚴重的後果」說

　　D. 跟壞人說「我家裡很有錢，最好別傷害我」

情境 20　　向最值得信賴的人求助

1. 遭受熟人侵犯後，不知道誰值得信賴，就告訴爸爸媽媽。

　　對（　　）　　　　　　　　　　不對（　　）

2. 長期被熟人侵犯，下列作法哪個正確？（　　）

　　A. 誰也不說，因為說了也沒用　　B. 告訴熟人的親朋好友

　　C. 告訴爸媽　　　　　　　　　　D. 告訴其他自己信賴的成年人

情境 21　　勇敢跟醫生和警察說實話

1. 如果遭受性侵害，只有配合醫生和警察，才能真正保護自己。

　　對（　　）　　　　　　　　　　不對（　　）

2. 如果壞人警告說不要報警，否則就報復我們，怎麼辦？（　　）

　　A. 不怕壞人的報復，父母和警察會保護我們

　　B. 該報警一定要報警

　　C. 相信警察會將壞人繩之以法

　　D. 壞人做壞事時，有些警告是嚇唬人的，別當真

情境 22   讓父母的愛與陪伴安撫並激勵自己

1. 即使被壞人侵犯過，我們仍然是最美好的女孩。

　　對 （　　）　　　　　　　　　不對 （　　）

2. 對於壞人帶來的精神傷痛，時間會治癒一切，不需要別人幫助，也不需要心理輔導。

　　對 （　　）　　　　　　　　　不對 （　　）

情境 23   男女有別，不隨便與男生勾肩搭背

1. 小女孩跟某男生常常喝同一瓶飲料，還勾肩搭背，這是不對的，應該改正。

　　對 （　　）　　　　　　　　　不對 （　　）

2. 男女同學感情再好，也不能在一起做害羞的事，比如不一起看成人電影，不做親密的身

　　體接觸。

　　對 （　　）　　　　　　　　　不對 （　　）

情境 24   跟男生玩遊戲，盡量避免身體觸碰

1. 有時，遊戲中與異性發生身體接觸是難以避免的，但是可以選擇不玩這類遊戲。

　　對 （　　）　　　　　　　　　不對 （　　）

2. 學校排練話劇，為了表達感情的熱烈，老師建議加上男女主角親吻的劇情。這時女孩子

　　應該怎麼辦？（　　）

　　A. 同意，這是為了演戲需要　　　B. 無所謂，聽老師安排

　　C. 跟老師提出意見，說沒必要　　D. 如果反對無效，可以放棄做女主角

情境 25   警惕言語方面的性騷擾

1. 小女孩平時應該提高自己防禦語言侵犯的能力，把傷害降到最低。

　　對 （　　）　　　　　　　　　不對 （　　）

2. 被傳與某某男生關係親密，應該怎麼辦？（　　）

　　A. 告訴老師，讓老師教訓造謠者

　　B. 一定要解釋清楚，逢人就說明

　　C. 把自己的不開心告訴爸媽，讓他們幫助自己

　　D. 用謠言攻擊造謠者，不能退讓

1. 如果關係特別好的男同學提出身體親密接觸的要求，一定要拒絕。

對（　　）　　　　　　　　　　不對（　　）

2. 其實只要能大事化小、小事化無，被同齡男生抱一下、親一下都是小事啦。

對（　　）　　　　　　　　　　不對（　　）

情境 27　　有行為古怪的男生跟蹤我，怎麼辦？

1. 小女孩被同齡男生跟蹤並侵犯的事情，新聞報導時有聽聞。

對（　　）　　　　　　　　　　不對（　　）

2. 一旦發現自己被同齡男生跟蹤，應該怎麼辦？（　　）

　A. 想辦法擺脫　　　　　　　　B. 擺脫之後，告訴爸媽

　C. 不用太理會　　　　　　　　D. 上去問他為什麼跟蹤自己

情境 28　　小小女孩兒，不用自來熟

1. 對待陌生人不用自來熟，也不用太講究客氣有禮。

對（　　）　　　　　　　　　　不對（　　）

2. 如果有一位看上去很可憐的老人迷路了，需要幫助，應該怎麼辦？（　　）

　A. 毫不猶豫地幫助他找到回家的路　　B. 幫他報警

　C. 嘗試讓其他大人幫助他　　　　　　D. 指責他，說他是騙子

情境 29　　手機驚見神秘人邀約，可以去嗎？

1. 不要隨便赴陌生人的邀約，因為這可能是陷阱，赴約就有可能被壞人侵害。

對（　　）　　　　　　　　　　不對（　　）

2. 如果邀請我們的陌生人也是女性，就不用害怕，大大方方去赴約就好。

對（　　）　　　　　　　　　　不對（　　）

情境 30　　大哥哥讓我假扮他的女友去給他撐面子，怎麼辦？

1. 不要和不良少年交往，除非他是親戚。

對（　　）　　　　　　　　　　不對（　　）

2. 不良少年有可能做出很多犯罪的事，不要隨便跟他們接觸和交往。

對（　　）　　　　　　　　　　不對（　　）

臉書上的陌生人要免費幫忙視訊教學，可以相信嗎？

1. 如果有陌生人加自己好友，說可以在學習方面進行免費指導，我們可以試試看，發現不對勁及時遠離就好。

對（　　）　　　　　　　　　不對（　　）

2. 如果網路上認識的人要求視訊聊天，應該怎麼辦？（　　）

　　A. 如果對方是女性，可以視訊聊天　　B. 也算是好朋友，可以視訊聊聊

　　C. 應該找理由拒絕　　　　　　　　　D. 什麼也不說，直接封鎖對方

情境 32　　媽媽不在，能讓飯店服務人員進房間嗎？

1. 一個人在飯店房間裡，如果剛好碰上穿制服的警察叔叔說要查房，可以讓他進房間。

對（　　）　　　　　　　　　不對（　　）

2. 如果只有一個人在房間，陌生人侵犯自己是輕而易舉的，所以堅決不能讓陌生人進房間。

對（　　）　　　　　　　　　不對（　　）

情境 33　　快遲到了，能不能搭陌生人的車去學校？

1. 沒有大人陪同時，可以搭乘女司機的陌生車輛。

對（　　）　　　　　　　　　不對（　　）

2. 如果有陌生車主跟我們搭訕，讓我們搭順風車，應該怎麼辦？（　　）

　　A. 拒絕　　　　　　　　　　　B. 遠離車輛

　　C. 看看司機是不是好人再決定　　D. 坐進去再說

情境 34　　跟男家教單獨一室要不要關門呢？

1. 關門和男老師一對一輔導，是為了避免打擾，更專心學習，值得鼓勵。

對（　　）　　　　　　　　　不對（　　）

2. 如果男家教輔導我們學習時想關門，應該怎麼辦？（　　）

　　A. 聽老師的話

　　B. 媽媽沒意見的話就可以放心，鎖門就鎖門吧

　　C. 說關門空氣不好，建議開門

　　D. 說家裡沒人會打擾，提議開門

在擁擠的車廂裡發生不舒服的身體摩擦，正常嗎？

1. 在擁擠的地方發生身體摩擦在所難免，與男性有身體接觸也很正常，沒必要斤斤計較。

    對（　　）　　　　　　　　　不對（　　）

2. 在擁擠的車廂裡，有男性對自己進行不舒服的接觸，應該怎麼辦？（　　）

    A. 立即給他一巴掌，或者踢他一腳

    B. 先大聲提醒對方注意

    C. 提醒之後，如果對方還繼續意圖碰觸，應該大聲求救

    D. 忍一忍就過去了

情境 36　　圖書館離家只有 500 公尺，我可以獨自回家嗎？

1. 如果不用走太遠的路，晚上是可以一個人回家的。

    對（　　）　　　　　　　　　不對（　　）

2. 等爸爸來接自己回家，但爸爸遲遲沒來，這時應該怎麼辦？（　　）

    A. 自己走回家就好了　　　　　　B. 打電話問爸爸的意見

    C. 再等等，等爸爸來　　　　　　D. 如果爸爸沒空，就叫媽媽來接自己回家

情境 37　　天快黑了還一個人在教室寫作業，值得鼓勵嗎？

1. 找一個僻靜幽暗或人少的地方學習，可以更專心；把手機調到關機狀態，學習效率會更高，
都是值得鼓勵的。

    對（　　）　　　　　　　　　不對（　　）

2. 小女孩在下列哪些地方更容易遭受侵犯？（　　）

    A. 深夜的公園　　　　　　　　　B. 空無一人的教室

    C. 偏僻的廁所　　　　　　　　　D. 人少的小路

情境 38　　小女孩能不能留在好朋友家裡過夜？

1. 如果和同學關係特別要好，是可以留在別人家過夜的。

    對（　　）　　　　　　　　　不對（　　）

2. 在同學家玩得太晚了，自己回家反而不安全，這時候應該怎麼辦？（　　）

    A. 想都不用想，留在同學家裡過夜

    B. 打電話問問父母應該怎麼做

    C. 讓爸爸來接自己回家

    D. 經父母同意，留在好朋友家

驗收學習成果，看看你做對了嗎？

情境 1	1. 對	2.ABC
情境 2	1. 對	2.ABCD
情境 3	1. 對	2. 對
情境 4	1. 對	2. 對
情境 5	1. 對	2. 對
情境 6	1. 對	2. 對
情境 7	1. 對	2. 對
情境 8	1. 對	2. 對
情境 9	1. 對	2. 對
情境 10	1. 對	2. 對
情境 11	1. 不對	2. 對
情境 12	1. 對	2. 對
情境 13	1. 對	2.AD
情境 14	1. 對	2. 對
情境 15	1. 不對	2.CD
情境 16	1. 不對	2.AD
情境 17	1. 對	2.ABD
情境 18	1. 對	2.ABCD
情境 19	1. 不對	2.ABC
情境 20	1. 對	2.CD
情境 21	1. 對	2.ABCD
情境 22	1. 對	2. 不對
情境 23	1. 對	2. 對

情境 24	1. 對	2.CD
情境 25	1. 對	2.AC
情境 26	1. 對	2. 不對
情境 27	1. 對	2.AB
情境 28	1. 不對	2.BC
情境 29	1. 對	2. 不對
情境 30	1. 不對	2. 對
情境 31	1. 不對	2.C
情境 32	1. 不對	2. 對
情境 33	1. 不對	2.AB
情境 34	1. 不對	2.CD
情境 35	1. 不對	2.BC
情境 36	1. 不對	2.BCD
情境 37	1. 不對	2.ABCD
情境 38	1. 不對	2.BCD

![圓神出版事業機構 Eurasian Publishing Group / 如何出版社 Solutions Publishing]

www.booklife.com.tw　　　　　　　　reader@mail.eurasian.com.tw

Happy Family　087

【圖解】女孩的安全教育課
面對38個危險情境，這樣保護自己

作　　　者／讀客小學生閱讀研究社・安全組
發 行 人／簡志忠
出 版 者／如何出版社有限公司
地　　　址／臺北市南京東路四段50號6樓之1
電　　　話／（02）2579-6600・2579-8800・2570-3939
傳　　　真／（02）2579-0338・2577-3220・2570-3636
總 編 輯／陳秋月
主　　　編／柳怡如
責任編輯／張雅慧
校　　　對／張雅慧・柳怡如
美術編輯／簡瑄
行銷企畫／陳禹伶・曾宜婷
印務統籌／劉鳳剛・高榮祥
監　　　印／高榮祥
排　　　版／莊寶鈴
經 銷 商／叩應股份有限公司
郵撥帳號／18707239
法律顧問／圓神出版事業機構法律顧問　蕭雄淋律師
印　　　刷／祥峰印刷廠

2021年9月　初版
2024年6月　4刷

小学生安全漫画・女童安全
作者：讀客小學生閱讀研究社・安全組

定價 280 元　　　　　ISBN 978-986-136-596-1　　　　版權所有・翻印必究
◎本書如有缺頁、破損、裝訂錯誤，請寄回本公司調換　　　Printed in Taiwan

孩子的第一個性愛問題，往往突如其來，
但錯誤的回答卻可能影響他們一生對愛的認知！
正確的性教育，絕對「有百利而無一害」！
性教育是讓孩子學習尊重生命、增進情感、
培養同理心的「愛的連結」。
而這一切都可以不假他人，由媽媽自己完成。

—— 《媽媽，學校都沒有教我「性」》

◆ **很喜歡這本書，很想要分享**

圓神書活網線上提供團購優惠，
或洽讀者服務部 02-2579-6600。

◆ **美好生活的提案家，期待為您服務**

圓神書活網 www.Booklife.com.tw
非會員歡迎體驗優惠，會員獨享累計福利！

國家圖書館出版品預行編目資料

【圖解】女孩的安全教育課：面對 38 個危險情境，這樣保護自己／讀客
小學生閱讀研究社・安全組作 . -- 初版 . -- 臺北市：如何出版社有限公司，
2021.09
　　192 面；17×23 公分 --（Happy Family；087）

　　ISBN 978-986-136-596-1（平裝）
　　1. 兒童保護 2. 性侵害 3. 安全教育
548.13　　　　　　　　　　　　　　　　　　　110011769